泳池游戏：舒展儿童自由生命

李继东　李正中　臧林林 / 主编

河海大学出版社
HOHAI UNIVERSITY PRESS
·南京·

图书在版编目（CIP）数据

泳池游戏：舒展儿童自由生命 / 李继东，李正中，臧林林主编． -- 南京：河海大学出版社，2022.8
ISBN 978-7-5630-7259-0

Ⅰ．①泳… Ⅱ．①李… ②李… ③臧… Ⅲ．①体育课－教学研究－小学 Ⅳ．① G623.82

中国版本图书馆 CIP 数据核字（2021）第 231378 号

书　　名	泳池游戏：舒展儿童自由生命 YONGCHI YOUXI：SHUZHAN ERTONG ZIYOU SHENGMING
书　　号	ISBN 978-7-5630-7259-0
责任编辑	龚　俊
特约编辑	梁顺弟
特约校对	丁寿萍
封面设计	张育智　刘冶
出版发行	河海大学出版社
地　　址	南京市西康路 1 号（邮编：210098）
网　　址	http://www.hhup.com
电　　话	（025）83737852（总编室）　（025）83722833（营销部）
经　　销	江苏省新华发行集团有限公司
印　　刷	三河市兴国印务有限公司
开　　本	710 毫米 ×1000 毫米　1 / 16
字　　数	168 千字
印　　张	10.25
版　　次	2022 年 8 月第 1 版
印　　次	2022 年 8 月第 1 次印刷
定　　价	58.00 元

主　　编：李继东　李正中　臧林林
编写人员：杨　浩　王　露　王　浩
　　　　　杨宝庆　孙虎斌　朱中华
　　　　　张　鸣　刘柯同　吴宇鹏
　　　　　夏月月　顾福琴　李　积
　　　　　丁鑫鑫

前言 Foreword

理想教育的应然

安定小学李继东校长带领学校老师扎实推进基于教学主张的教育变革，取得了喜人的办学成绩和育人效果。摆在我面前的这9本专著的样稿，既是他们集体智慧的结晶，也是研究实践成果的集中展示，更是我市教育百花园中绽放的绚烂之花。翻阅着这些书稿，我心中不断涌动着汩汩暖流，正是像他们这样可亲可敬的教师，托起了如皋教育高质量发展的新引擎。我更从书中找到了备受关注又常议常新的话题，那就是"如皋教育为什么行，为什么能，为什么好"的答案，也更坚定了我从事教育工作以来一贯的坚守与追求，那就是我们的教育要始终坚持把立德树人作为根本任务，力求合规律性与合目的性的有机统一。

"规律"，是事物发展过程中的本质联系和必然趋势。教育的"合规律性"，是指我们认识到了教育的内在规律，使教育教学实践活动自觉遵循和符合客观规律的要求，自觉按照规律采取相应的策略和方法，它体现了人的主体性、自觉能动性，也集中展示了教育的科学性和艺术性。无论是古老的《学记》，还是历代中外教育家的教育思想，乃至广大一线教师的研究成果，无不闪烁着教育规律的光芒。马克思在《〈黑格尔法哲学批判〉导言》中指出："理论一经掌握群众，也会变成物质力量。理论只要说服人，就能掌握群众；而理论只要彻底，就能说服人。所谓彻底，就是抓住事物的根本。但人的根本就是人本身。"在这9本书里，我看到了教育规律转变成了育人的力量，品读出了教育规律的彻底性，感受到了被教育规律"说服""掌握"的师生的喜人生态。因为"乐嬉游而惮拘检"是儿童甚至人的天性，因为"对孩子来说，游戏就是学习，游戏就是劳动，游戏就是重要的教育形式"。教育规律，在安定小学，在如皋大地，不再是"灰色的"，而是常青树、常春藤。

"目的"，是人的需要、意图或行动的目标。教育的"合目的性"，是指教育者认识和把握了教育的规律性，在实践中能够按照客观规律达到理想目标的过程。古今中外，每个国家都是按照自己的政治要求来培养人的。我国是中国共产党领导的社会主义国家，这就决定了我们的教育必须把培养德智体美劳全面发展的社会主义建设者和接班人作为根本任务，要传播知识、传播思想、传播真理，塑造灵魂、塑造生命、塑造新人，要在坚定理想信念、厚植爱国主义情怀、加强品德修养、增长知识见识、培养奋斗精神、增强综合素质上下功夫。安定小学的这9本书，多元化的课程，展现的是"五育并举、综合育人"的生动实践；菜单化的选择，让马克思人的发展阶段中的"有个性的个人"成为可能。书中文字的背后，呈现在我眼前的是一个个活泼的儿童，是焕发生命活力的现在与未来。

育人的实践，永远在路上；改革的探索，永远没有终点。秉承安定先生引领教育改革的遗风，我相信：安定小学将会摘取立德树人更为丰硕的创新成果，必将为如皋乃至市外教育高质量发展贡献更大的智慧和力量。

我们共同期待！

如皋市委教育工委书记
如皋市教育局局长　**郭其龙**

泳池游戏：舒展儿童自由生命

Contents 目录

第一章　游泳概述

一、古代游泳 ··· 1
二、现代游泳 ··· 2
三、学校游泳 ··· 2

第二章　小学游泳课程的价值

一、生存价值 ··· 4
二、健身价值 ··· 4
三、心理价值 ··· 6

第三章　小学游泳课程的设计

一、课程目标 ··· 9
二、课程内容 ··· 9
　　启蒙篇 ··· 11
　　基础篇 ··· 33
　　拓展篇 ··· 45
三、教学建议与指导 ··· 53
四、学习评价 ··· 57

1

第四章　实践案例

一、小学游泳课程实施案例⋯⋯⋯⋯⋯⋯⋯⋯⋯⋯⋯⋯⋯⋯⋯⋯58
二、小学游泳课程教学设计⋯⋯⋯⋯⋯⋯⋯⋯⋯⋯⋯⋯⋯⋯⋯⋯65
三、游泳队建设⋯⋯⋯⋯⋯⋯⋯⋯⋯⋯⋯⋯⋯⋯⋯⋯⋯⋯⋯⋯150

第一章 游泳概述

一、古代游泳

游泳不仅是一种生产技能，也是不可缺少的生存手段之一。古时各国之间发生格斗和战争时，除了出动战车、骑士外，也会利用水作为攻战的手段。利用泅泳潜行破坏敌人的防守，配合陆上步兵和骑兵作战获胜。于是，游泳被各国用作训练水军的手段。

早在二千多年以前，我国便开始有了入水采珍珠的生产操作。历代帝王都派有"采珠太监"和官吏监督渔民开采珍珠，选择精品运回宫室。

古时人多从沐浴开始，继而在水中嬉戏，逐渐形成古代游泳——泅水、泅泳、涉、浮、没、潜等多种形式。人们以农历三月初三为上巳，也称沐浴日，这天以水祓除宿垢，清除不祥，故又称"被禊"（禊即"洁"）。《后汉书·礼仪志》中有："是月上巳，官民皆洁于东流水上，曰洗濯被除……"《元氏掖庭记》中记述："每遇上巳日，令诸嫔妃被于内园迎祥亭漾碧池……池之旁一潭，曰'香泉潭'。至此日，则积香水以注于池。池中又置温玉狻猊、白晶鹿、红石马等物。嫔妃浴澡之余，则骑以为戏。或执兰蕙，或击球筑，谓之水上迎祥之乐。"

游泳最初成为游戏活动，和沐浴是分不开的，同时，游泳和划船竞渡也有着密切的联系。《宋史·礼志》中有："淳化三年三月，幸金明池，命为竞渡之戏，掷银瓯于波间，令人泅波取之。因御船奏教坊乐，岸上都人纵观者万计……"还记有"尔期惟仲夏节次端午，则大魁分曹，决胜河浒。饰画舸以争丽，建彩标而竞取……访仙师于溟渤。摄灵奇以潜骇，恒游泳而下逸……"这是说在划船竞渡时，投掷银瓯于水中，由善泳者入水取之，另一段则是说划船时有人顺流游，动作惊险。

二、现代游泳

现代游泳运动起源于英国。17世纪60年代，英国不少地区的游泳活动就开展得相当活跃。18世纪初传到法国，继而成为风靡欧洲的运动。

1828年，英国在利物浦乔治码头修造了第一个室内游泳池，到19世纪30年代，这种泳池在英国各大城市相继出现。

1837年，在英国伦敦成立了第一个游泳组织，同时举办了英国最早的游泳比赛。

1869年1月，在伦敦成立了大城市游泳俱乐部联合会（现英国业余游泳协会前身），并把游泳作为一个专门的运动项目正式固定下来。游泳随之传入各英国殖民地，继而传遍全世界。随着游泳运动的发展，游泳被分为实用游泳和竞技游泳两大类。实用游泳又分为侧泳、潜泳、反蛙泳、踩水、救护、武装泅渡；竞技游泳分为蛙泳、自由泳、仰泳、蝶泳。

竞技游泳，从第一届奥运会（1896年）就被列入奥运会正式项目。发展到现在，各种锦标赛、国际大型比赛不断推动着竞技游泳的发展，使它的技术动作更完善，运动员们创造了一个又一个优异的成绩。

三、学校游泳

2015年以前，我国小学游泳教育几乎是空白，相比于其他一些国家，我国在这方面的重视力度还是不够，有条件有能力开设游泳课的学校并不多，在城市中尚且很难开展起来，农村更是如此。其中有实力开展游泳课程的学校都集中在大中城市，仅有武汉、长沙、上海闵行等地出台了能够让小学生免费学习游泳的政策，这一政策的开销主要由政府来承担。虽然这种政府买单的政策深受市民欢迎，现在也已经有部分省市出台了小学生暑期免费游泳政策，但是并未从根本上真正地解决问题。因为这样仅仅只是鼓励学生在假期里通过参加培训班等方式学会游泳，并没有把游泳教育纳入小学体育的必修课程中，也没有全面地去考虑开设游泳课程对我国小学教育会有哪些好处。我国学校游泳课程的教学理念是增强体质，增进健康，促进身心协调发展，使学生成长为德智体美劳全面发展的社会主义建设者。长期以来，开设游泳课在我国的小学教育中没有形成长效的机制。

目前，我国小学开设游泳课教育理念不新颖，开设游泳课有一定的局限性，严重打击了部分学生学习游泳的积极性。首先是由于教学理念的偏差，导致学生在学习过程中没有体会到游泳的乐趣，使学生一味地为了应付考试而学习游泳，这大大降低了学生对游泳这项运动的积极性。同学之间的相互协作意识淡薄，不能做到互帮互助。再者是由于我国小学游泳教育缺乏学理支撑，理念意识还很低，学生实际上没有学到真正有用的东西，小学游泳教育在全国范围内还没有得到具体的普及，家长的参与程度还很低，不能跟学校相配合。同时，国家也没有相关的法律政策强制要求开设游泳课，各个省市的学校自然就不会给自己"找麻烦"了。在我国，具备完善游泳设施的学校还很少，目前仅有一万多个，其中半数以上修建于20世纪90年代前。我国共有大、中、小学校10万多所，游泳场馆大部分分布在高校，中小学很少有游泳馆。游泳场馆是开展游泳教学的基本硬件条件，如果学校连基本的硬件条件都无法保障，学生们想要学习游泳恐怕是难上加难。开展小学游泳课，场馆设施相当重要，如果没有国家财政的支持是很难建设起来的。我国的小学中很少有游泳场馆，并且只有部分地区的小学开设了游泳课，学校在没有游泳馆的情况下都是通过向就近的俱乐部和游泳学校借用场地上课，这项开支普通小学难以承担。目前学校建游泳池面临这样几个问题：一是环境限制，没有太多合适的场地供学校来修建游泳池。二是物质保障缺乏，这也一直是我国学校游泳教育没有发展起来的一个重要因素，资金投入不足，没有好的政策来吸引投资建设。因此，游泳场馆建设离不开国家财政资金的支持。

据统计，我国目前有游泳池的小学很少，大多集中在经济发达的东部沿海地区。而在这些学校中，开设游泳课的只有半数。近几年各地逐渐重视游泳课程，关注小学生游泳技能的掌握情况，上海、苏州、浙江等地纷纷将游泳作为小学生必备技能，列入体育中考必考内容。2017年江苏省小学游泳课程建设推进会在无锡江阴开幕，两百多人的会议室内座无虚席，大家聚集在一起，为更好地开展游泳课程共同出谋划策。深圳市中小学把游泳列为体育必修课，要求到2021年，每个学生最少能游25米；2019年连云港市赣榆区开展全区中小学生游泳技能普及培训；2018年，南通市开始将游泳作为体育中考选考内容，可用100米游泳代替800米或1000米跑步考试，中小学游泳课程正在我国各地如火如荼地开展。

第二章 小学游泳课程的价值

一、生存价值

据国家相关部门统计：我国1～4岁儿童因溺水死亡的约占0.3‰，位居意外死亡的第三位，中小学生平均每天约有40人因溺水死亡，小学生溺水死亡人数占溺水死亡学生总数的68.2%。通过统计数据，我们不难看出溺水事故已经成为威胁小学生生命安全的严重问题。

游泳不仅是一项锻炼身体的体育项目，更是一项重要的生存技能，对于预防减少溺水事故，保护生命安全与健康具有其他体育项目不可替代的意义与作用。研究显示，即使具备防止溺水相关的安全知识与存在预防溺水的警示标志，溺水的发生仍不可完全避免，小学生是国家与民族的未来和希望，教会学生游泳、掌握游泳技能，是预防溺水事故的关键所在。在2007年的预防溺水国际研讨会上，澳大利亚的专家指出："许多年前，澳大利亚的溺水问题也很严重，但由于各方的重视，现在澳大利亚是全世界溺水事故最低的国家之一。"澳大利亚的经验显示，预防溺水最有效的办法就是普及游泳。此外，世界卫生组织在预防溺水的技术指南中也将掌握游泳技能作为较少和避免溺水的主要措施。

二、健身价值

1. 促进生长发育，塑造健美体形

游泳时身体各部位肌肉都参与运动，使得骨骼、肌肉得到均匀和全面的发展。长期锻炼可以使肌肉的弹性、协调性得到加强，塑造"肩宽、胸厚、胸廓大而有力、四肢修长、匀称"的倒三角形体型。因此，经常参加游泳锻炼的小学生的体态匀称而优美，是一种柔和的"流线型"体型，展现着青春活力。

2. 有效改善心血管系统机能

游泳使全身的肌肉都能得到锻炼，并且需要血液源源不断地通过密布的毛细血管把氧气和营养物质输送到肌肉群，这就要求心脏提高工作能力，其结果是促进心肌和血管壁增厚，弹性加大，心脏每搏输出量增多，从而使心血管系统的功能加强。经常参加游泳锻炼的青少年的心脏工作效率会大大提高。

3. 提高免疫力

在当今信息时代，电脑和手机等电子产品深受广大中小学生的喜爱，学生在家玩手机、电脑游戏，几乎不参加任何体育运动，长此以往，生活不规律，免疫力下降，很容易受到病毒、细菌的侵害。国外研究发现，游泳能直接促使皮下各组织的新陈代谢，使人体体温调节系统的功能进一步得到改善，从而提高人体的耐寒能力。游泳时，人体进入比体温和气温低的水中活动，就要求机体一方面加快产热过程，一方面减慢散热过程，以维持体温的相对平衡。因此，经常游泳的人，在出入水的过程中，神经系统的体温调节机能得到锻炼，人体对不同的水温、气温的适应能力得到改善；同时，处于冷水刺激后的兴奋状态下的机体，其造血能力与免疫机能均受到刺激而得到加强，表现为血液中的红细胞、白细胞含量增加，网状内皮系统吞噬作用加强。上述生理表现，不但强化了机体的应变能力，提高了机体的耐寒能力，也增加了机体对某些疾病的抵抗能力。

4. 提高肺活量

呼吸主要靠肺，肺功能的强弱由呼吸功能的强弱来决定，运动是改善和提高肺活量的有效手段之一。据测定，游泳时人的胸部要受到 1.2～1.5 兆帕的压力，加上冷水刺激肌肉紧缩，呼吸较正常状态来说更加困难，迫使人用力呼吸，加大呼吸深度，这样吸入的氧气量才能满足机体的需求。一般人的肺活量大概为 3 200 毫升，呼吸差（最大吸气与最大呼气时胸围扩大与缩小之差）仅为 4～8 厘米，剧烈运动时的最大吸氧量为 2.5～3 升/分钟，约为安静时的 10 倍；而游泳运动员的肺活量可高达 4 000～7 000 毫升，呼吸差达到 12～15 厘米，剧烈运动时的最大吸氧量为 4.5～7.5 升/分钟，约为安静时的 20 倍。游泳促使人呼吸肌发达，胸围增大，肺活量增加，而且吸气时肺泡开放更多，换气顺畅，对健康极为有利。

5. 提高柔韧性

游泳还有一个很大的好处，即提高身体的柔韧性。当人们由于年龄限制而不能从事其他体育活动时，仍然能够继续游泳。由于游泳时身体活动的范围较大，定期进行游泳活动的人都会变得更加灵活和柔软。而且，正确的游泳技术要求肌肉在收缩用力前先伸长，这种运动方式有利于不断提高身体柔韧性和力量。

6. 减少运动损伤

小学生正处于身体发育期，适当的运动能促进身体生长发育，然而许多运动项目都容易使机体造成损伤，尤其是对抗性比较强的运动项目。游泳恰恰是劳损和受伤率最低的体育活动项目。游泳时人体处于平卧姿势，水的阻力使肌肉难以像陆地上那样进行爆发式用力，这就不会因运动过于激烈而发生意外。

此外，游泳比一般的陆地运动更容易保护关节。在陆上运动时，跑、跳或者是负重直立等运动，由于重力作用，脚踝、膝盖等腿部关节负担过重，容易受伤，而游泳时人体由于水的浮力作用处于漂浮状态，减轻了重力作用对身体各关节的压力。游泳是很好的锻炼方式，它有着"运动之王"的美誉，也是一项可以终身进行的健身锻炼运动。

三、心理价值

1. 培养和提高对自我的认识与评价

青少年能够体验水上运动的乐趣，认识水上运动的特点、功能和价值，掌握水上运动的基本知识、技术和技能，提高水上运动的能力，增强适应自然的能力，具备对付各种水情、风浪的能力。青少年知道游泳能塑造健美的体形，这就能激发他们为保持健康、拥有健美身材而积极参加体育运动的良好愿望和要求。此外，青少年在学习游泳、参与游泳锻炼的过程中，通过对自己以及同伴的动作进行评价，不断提高评价能力。

2. 避免心理疾病

现在的孩子们需要学习的内容多，学习压力大，当孩子们整天沉浸在文化学习的繁复与劳累中时，极易患上孤独、忧郁、焦虑的毛病。在我们游泳队中有个小队员刚进队时总是闷闷不乐，老师经过询问得知他的文化成绩不理想，厌学进而有些抑郁，而参与了游泳运动后，他不断地提高自己的游泳技术水平，总能按时或提前完成训练目标，在游泳训练中，他找到了自信，感受到成功带来的喜悦，半年下来他变得自信、开朗、乐于和队友交流。此外游泳锻炼也有助于肾上腺素的分泌，从而产生幸福感。

因此，游泳是调节情绪的好手段。青少年在紧张的学习工作之际，情绪经常处于焦虑、忧郁、浮躁不安等状态之中。只要到水中游上几趟，通过水流对身体的摩擦和冲击，不仅使肌肉得到放松，还会使紧张的神经松弛下来，把那些消极的、对身体产生副作用的情绪发泄出去，恢复积极、健康的心理状态。

3. 游泳运动能使孩子的大脑思维活跃、敏感、认知能力增强

参与游泳运动会使孩子们时时刻刻处于警觉状态，当孩子们浸入水中时，四面八方袭来的全部都是障碍，稍不注意就会出现生命危险，青少年在进行游泳训练时，需要时刻保持警惕、敏锐的观察力，对周遭的环境迅速做出判断，以保证生命安全。因此，游泳训练能使孩子们大脑运动活跃而敏锐，更能有效地思考问题，积极地分析问题、解决问题。

4. 游泳运动能够培养青少年坚强、不服输的品格，以及良好的意志品质

在游泳的训练过程中处处存在着障碍，孩子们需要不断地克服困难才能到达终点、完成任务。其中，客观困难主要是寒冷与水的危险性，以及在运动训练中肌肉的酸软、动作无法做到位，等等，而克服主观困难就是要克服人类怕水的天性，克服这种怯懦与胆小。青少年如能在游泳训练中克服这些困难，必将不断锻炼自己的意志，形成吃苦耐劳、不畏艰险的精神，也能形成不服输、追求完美、对自身要求高的良好品质。很多教练在游泳教学的时候会遇到怕水的青少年，这些孩子中，很多在家里洗头的时候都要躺着洗，不敢让脸部沾水，而参与游泳锻炼时，他们就必须要克服这种怕水的心理，在这一过程中孩子们慢慢敢于面对困难、克服困难，不断培养自己坚强的品格。

5. 提高青少年人际交往能力

在游泳教学和训练过程中,由于需要两人或多人共同参与,教练可以使青少年相互协作,使其在训练或比赛中能够形成高度的默契,有效完成一系列的游泳动作,也有利于人际交往能力的形成。

第三章　小学游泳课程的设计

一、课程目标

1. 运动能力： 掌握蛙泳及自由泳完整技术，知道浮力、阻力、推进力在游泳时的作用，懂得水上安全知识，学会自救、遇到溺水者如何施救，知道游泳比赛的规则。

2. 健康行为： 能够积极参与游泳运动，培养终身运动的习惯，在学习游泳技术时能不怕水、不怕困难，能在学习中相互帮助、良好合作，客观评价同伴。

3. 体育品德： 在学习中能有坚韧不拔的品质，在各类游泳比赛中展现出公平、公正、有集体荣誉感的体育精神。

二、课程内容

根据小学生生长发育特点和动作技能掌握规律的特征，结合学生自身实际情况设计和安排教学内容。将小学1—6年级学生按水平划分为三个阶段：水平一（1—2年级）、水平二（3—4年级）、水平三（5—6年级）。整个课程内容主要包括：启蒙篇（水中游戏）、基础篇（学习蛙泳）、提高篇（学习自由泳）。三个阶段的教学内容突出对孩子平衡、协调、速度等身体活动能力的培养，重视学生兴趣的培养，通过竞争类游戏培养学生的竞争精神；通过合作类游戏培养学生团结协作能力，着重培养孩子在水中对身体动作控制的能力，如水中漂浮、转动、摇橹式划水练习等，为其今后进行长期体育活动奠定扎实基础。主要以蛙泳、自由泳学习为主，以达距为评价标准。课程对于水中安全内容也尤为重视，帮助孩子培养一个正确、安全的水中活动习惯，将水中安全与自救贯穿于每个学习阶段，并将其作为一项教学内容，不断地让学生学习和运用。

小学三个水平段内容安排

水平段	知识	技能	游戏
水平一（启蒙篇）	游泳安全常识 预防溺水知识	熟悉水性 水中行走 水中漂浮与站立 水中换气	熟悉水性类游戏
水平二（基础篇）	预防溺水知识 溺水自救与施救	水感练习 蛙泳技术 踩水技术	熟悉水性类游戏 蛙泳强化类游戏
水平三（提高篇）	预防溺水知识 溺水自救与施救	水感练习 蛙泳技术 自由泳技术	水感练习游戏 自由泳强化类游戏

启蒙篇

（水中游戏）

（一）学习目标

1. 掌握水中行走、水中换气、水中漂浮与站立的技术，能完成各种熟悉水性的游戏。

2. 不怕水，能在各种水中游戏的学习中喜欢水，喜欢游泳运动，在完成水中游戏时能表达成功的喜悦。

3. 能遵守游泳课的纪律，明白安全第一的道理，了解游泳安全知识。

（二）教学内容

1. 水中行走

【游戏目的】熟悉水性，感受水的浮力及行走时水的阻力，体会水中站立的感觉，消除怕水心理。

【游戏玩法】游戏者双手扶池壁在浅水区脚踩池底侧向行走，返回时单手扶池壁脚踩池底向前行走，完成一个往返者即为成功。

【游戏难度】★

【图　　例】

【注意事项】安全第一，要求游戏者手抓紧池壁慢慢行走。

2. 打水仗

【游戏目的】找到面部有水的感觉，学会短时间憋气，为学习换气打下基础。

【游戏玩法】游戏者佩戴泳镜面对面站立于浅水区的水线两侧，当听到教练哨音时游戏开始，用力向对方泼水，哨音结束后仍然站在原地的为胜者。

【游戏难度】★★

【图　　例】

【注意事项】游戏者不离开所在的泳道线，勇敢面对对方泼来的水。

3. 钻水线

【游戏目的】熟悉水性，巩固提高水下憋气技术动作，克服怕水心理。

【游戏玩法】游戏者站立于水线一侧，深吸一口气，然后憋气钻过水线，再钻回来，由此反复，在30秒时间内钻过水线次数最多的为胜者。

【游戏难度】★★★

【图　　例】

【注意事项】此游戏建立在游戏者学会憋气的前提下，游戏中要求游戏者尽量身体不要接触水线，但为确保安全，刚开始几次尝试可以要求游戏者手抓水线完成。

4. 抱膝浮体

【游戏目的】巩固提高憋气技术，找到水中漂浮的感觉，克服怕水心理。

【游戏玩法】游戏者深吸一口气憋住，潜到水下团身抱紧自己的小腿，低头直到后背浮出水面，两人一组比赛，后背浮出水面时间长者为胜者。

【游戏难度】★★★

【图　　例】

【注意事项】游戏者要团身紧、低头，浮体后要漂浮一会儿感受水的浮力。切记不要勉强憋气，以免呛水。

5. 身体"造"字

【游戏目的】巩固提高憋气技术，找到水中漂浮的感觉，克服怕水心理，建立自信心，提高对游泳的兴趣。

【游戏玩法】游戏者憋气漂浮于水上，用身体摆出汉字、英文字母、数字等造型，全班分若干组，比一比哪一组"造"的字最多，最多的一组为胜者。

【游戏难度】★★★

【图　　例】

【注意事项】俯卧为主，可摆出"一""大""Y"等造型，也可两人或多人配合。

6. 水下寻宝

【游戏目的】提高学习游泳的兴趣，在收获成功中建立自信心。

【游戏玩法】教练将钥匙等可下沉物品扔到浅水区作为"宝藏"，游戏者走到"宝藏"前吸气下蹲捡起"宝藏"，成功捡起宝藏的游戏者即获得成功。

【游戏难度】★★★★

【图　　例】

【注意事项】初学者可能不容易潜下去捡到物品，教练可以先对其进行帮助，而后再让游戏者自主尝试。切记勿让游戏者因为一直潜不下去而长时间停留在水下。

7. 水中"石头、剪刀、布"

【游戏目的】在游戏中收获成功的喜悦，体会水带来的乐趣，提高学习游泳的热情。

【游戏玩法】游戏者2~3人一组，单手扶池壁面对面站立，自主发令，同时潜到水下用手进行"石头、剪刀、布"的游戏，获胜者立即出水，其他人等获胜者出水后方可站立出水。

【游戏难度】★★★★

【图　　例】

【注意事项】若 2～3 回合没有分出胜负，应当提醒游戏者出水后重新开始，以免游戏者缺氧。

8. 花儿朵朵（漂浮）

【游戏目的】体会俯卧漂浮的感觉，在游戏中学会全身放松，能够团队协作，互相鼓励队友。

【游戏玩法】5～8人一组手拉手围成一个圆，统一口令后，迅速吸气做水中漂浮的姿势，打开后像一朵朵花儿。全班分组比赛，在水面上坚持时间最长且姿势优美的一组为胜者。

【游戏难度】★★★★

【图　　例】

【注意事项】要求所有人身体放松、低头并双手双脚打开，尽量做到憋气时间长，但提醒游戏者不要勉强。

9. 花样带泳帽

【游戏目的】熟悉水性、克服怕水心理。

【游戏玩法】游戏者站立于浅水区，教练将泳帽装满水对准游戏者头部，自上而下垂直丢下，泳帽顺利戴上即为成功。

【游戏难度】★★

【图　　例】

【注意事项】要求游戏者憋气闭眼，鼓励其大胆尝试。

10."小兔"跳跳

【游戏目的】熟悉水性、克服怕水心理，在跳跃中感受水的阻力和浮力。

【游戏玩法】游戏者前后站成一排，后面的游戏者将手放在前一位的肩膀上，看教练的手势分别向前、后、左、右四个方向双脚跳动。全班分为若干组，哪一组出现错误最少即为获胜。

【游戏难度】★

【图　　例】

【注意事项】游戏中看准方向、注意安全。

11. "打地鼠"

【游戏目的】提高练习兴趣，在游戏中强化练习换气动作。

【游戏玩法】游戏者4～6人一组，手拉手围成圆形，教练站在圆中间手持浮板，发令后所有游戏者下蹲，将头没入水中，游戏者可以上来换气，但是要在教练背对自己或者用浮板敲击自己之前完成。被打到的"地鼠"自动换成敲锤的人。

【游戏难度】★★★★

【图　　例】

【注意事项】教练要给游戏者尽量留足换气时间，以免游戏者呛水。要求游戏者手拉手，不可以离开游戏位置。

12. 夹板仰卧漂浮

【游戏目的】克服怕水心理，体会水的浮力，提高游泳兴趣。

【游戏玩法】游戏者将三角浮板夹在两大腿之间（尖头朝下），向后平躺，身体放松漂浮于水上，躺平坚持5秒即为成功。

【游戏难度】★★★

【图　　例】

【注意事项】仰卧时注意身体平直，切勿让臀部下坠。

13. 夹板俯卧漂浮

【游戏目的】熟悉水性，增强闭气能力，巩固提高漂浮与站立技术。

【游戏玩法】游戏者将三角浮板夹在两大腿之间（尖头朝下），手臂前伸，身体放松俯卧漂浮于水上，俯卧漂浮5秒且浮板不掉落即为成功。

【游戏难度】★★

【图　　例】

【注意事项】游戏者要控制身体平衡防止侧翻，憋不住时应双腿分开，先将浮板丢弃，再利用站立的技术平稳站立，教练要做好保护与帮助工作。

14. 水下"冲浪板"

【游戏目的】培养水中平衡感，提高游泳兴趣。

【游戏玩法】游戏者将浮板踩于脚下，双手在身体两侧划水控制平衡，模仿冲浪的动作，尝试能否前行。能成功站立10秒者即为成功。

【游戏难度】★★★★

【图　　例】

【注意事项】注意游戏者之间的间距以免相互碰撞，游戏中浮板脱落应立即捡回。

15. "潜艇"出动

【游戏目的】巩固提高蹬壁滑行与站立技术动作，激发练习兴趣。

【游戏玩法】游戏者并排站在池壁前，听到"潜艇出动"口令后，迅速做蹬壁滑行的动作，憋不住的时候就做抱膝站立动作，哪一名游戏者漂浮得最远，即为"最强核潜艇"。

【游戏难度】★★★

【图　　例】

【注意事项】游戏者间隔两臂距离，以免相互碰撞；提醒游戏者切勿逞强。

16. "导弹"发射

【游戏目的】巩固提高蹬壁滑行与站立技术动作，激发练习兴趣。

【游戏玩法】8人一组，7名游戏者面对面做出"弹道"，一名游戏者蹬壁漂浮，从"弹道"中"发射"出去，7名游戏者用拉手臂、腿或脚的方式将其向前助推，最后漂浮者自己站立，8人依次进行游戏，比一比哪一枚"导弹"发射得远。

【游戏难度】★★★★

【图　　例】

【注意事项】游戏前检查游戏者指甲长度，提醒游戏者只能接触"导弹"的手臂、腿和脚，防止造成意外伤害。

17. 夹浮板抓池壁换气

【游戏目的】体会俯卧水中换气的姿态，提高身体控制平衡能力。

【游戏玩法】游戏者将浮板夹在两大腿内侧，手扶池壁漂浮于水面，做换气动作。能连续换气十次以上即为成功。

【游戏难度】★★★

【图　　例】

【注意事项】游戏者双手抓紧池壁，若不小心脱离，迅速丢掉浮板站立。

18."开火车"

【游戏目的】体会俯卧水中，在移动中换气的姿态，提高身体控制平衡能力及团结合作的能力。

【游戏玩法】6人一组，A为"火车头"负责拖带，双手拉住B的手，B夹浮板俯卧漂浮于水上，C双手抓住B的脚踝，依次向后接龙，A将"火车"开到对岸即为成功。

【游戏难度】★★★★★

【图　　例】

【注意事项】每一名游戏者（尤其是B之后的）换气时切勿用力下压前一名游戏者的脚，应当帮助前一名游戏者用力夹紧浮板，避免浮板掉落。

19. 织网捕鱼

【游戏目的】增强水感，提高游泳的兴趣。

【游戏玩法】一名游戏者作为"渔网"，其他游戏者为"鱼"，教练指定固定的浅水区为游戏区域。游戏开始后，"渔网"就开始捕鱼，被抓到的"鱼"自动变为"渔网"，渔网越来越大，在规定时间内未被捕捉的"鱼"为胜者。

【游戏难度】★★★★

【图　　例】

【注意事项】游戏中所有"鱼"要在规定的区域内参与游戏，注意安全。

23

20. 钻山洞

【游戏目的】强化练习换气动作，体会潜水感觉，在游戏中提高水下控制身体的能力，培养团队协作能力。

【游戏玩法】游戏者两人面对面站立，抓住对方双手与水面齐平，每组左右并排站立形成"山洞"，第一组游戏者依次从水下钻过"山洞"，然后接在"山洞"末尾，第二组再出发，依次进行。所有队员均完成即为成功。

【游戏难度】★★★

【图　　例】

【注意事项】"钻山洞"的游戏者要憋气向前行走，出水后迅速换气。

21. 抱浮板反蛙泳腿

【游戏目的】练习反蛙泳腿，体会仰卧漂浮在水中的感觉，培养水感，提高游泳的兴趣。

【游戏玩法】游戏者手臂伸直抱住浮板贴于小腹，背对出发方向向后平躺于水面，做反蛙泳腿动作，到达15米终点即为成功。

【游戏难度】★★★★★

【图　　例】

【注意事项】注意控制前进方向，手臂伸直，身体平直。

22. 水下猜字

【游戏目的】熟悉水性，感受水带来的乐趣。

【游戏玩法】两人一组站在浅水区同时潜到水下，一名游戏者说一个字，随后两人一起出水换气，另一名游戏者根据同伴的口型和声音猜一猜同伴说的字，猜到即为获胜，则交换游戏角色。

【游戏难度】★★★

【图　　例】

【注意事项】潜水前深吸气，在水下说话时，对外出气尽量避免呛水，出水后迅速换气。

23. 骑马

【游戏目的】熟悉水性，感受水的浮力及阻力，提高游泳的兴趣。

【游戏玩法】游戏者骑在浮力棒中间，双手抓住浮力棒站在浅水区池边，听到出发信号后向前跳跃前进，先到达对岸的为胜者。

【游戏难度】★★

【图　　例】

【注意事项】调整好浮力棒前后的长度，避免浮力不均衡。

24. 鲤鱼跃龙门

【游戏目的】强化水中漂浮与站立技术，提高水中活动能力。

【游戏玩法】三人一组，两名游戏者左手相握面对面站立于浅水区，手臂稍低于水面，另一名游戏者从手臂上鱼跃过去并站立，交替进行，完成动作即为成功。

【游戏难度】★★★

【图　　例】

【注意事项】拉手时不要过分用力，以免造成意外伤害，跃过手臂时身体成倒"V"字。

25. 水中吊床

【游戏目的】提高水中身体平衡能力，感受仰浮水面的姿势，提高游泳兴趣。

【游戏玩法】游戏者自由散点在浅水区，骑跨在浮力棒上向后平躺，将浮力棒当作"吊床"躺在上面，成功平躺并控制平衡30秒即为成功。

【游戏难度】★★★

【图　　例】

【注意事项】要调整好浮力棒的前后及左右的位置，平躺后要用双手控制身体平衡。

26. 水中运输队

【游戏目的】培养团队协作的能力，开发智力。

【游戏玩法】游戏者三人一组，利用三根浮力棒自由选择一种组合方式将浮力棒变成"运输船"，A坐在"运输船"上，游戏开始后B和C迅速将运输船推向对岸，最先到达的一组为胜者。

【游戏难度】★★

【图　　例】

【注意事项】A可以选择任何姿势坐在"运输船"上，但如果掉落，则必须从掉落处重新出发。

27. 盛开的花朵

【游戏目的】提高水中身体平衡能力，感受仰卧于水面的身体姿态，培养团队协作的能力。

【游戏玩法】6人一组手拉手围成圆形，每人夹一块浮板于大腿内侧，游戏开始后所有人向后仰浮于水面，双脚凑在中间，像一朵六瓣的花儿开放。几组进行比赛，漂浮时间长且姿态优美的一组为胜者。

【游戏难度】★★★★

【图　　例】

【注意事项】游戏者要注意身体姿态平直，臀部不要下坠。

28. 翻跟头

【游戏目的】培养水感，感受水中前滚翻时的身体姿态，为学习自由泳的转身打下基础。

【游戏玩法】教练单膝跪在浅水区，游戏者双脚踩在教练左腿大腿上（左腿为例），闭气做团身低头动作，教练一只手扶游戏者小腿，另一只手扶脖子帮助游戏者向前做前滚翻，能够完成动作即为成功，能够独立完成一次前滚翻的同学为优胜者。

【游戏难度】★★★★

【图　　例】

【注意事项】游戏者在翻滚过程中用鼻连续出气。

29. 水下自行车比赛

【游戏目的】体会勾脚动作，感受脚底蹬水的力以及产生的推进力，提高游泳兴趣。

【游戏玩法】游戏者分为人数相等的若干组进行接力赛，面向浅水区对岸双臂伸直俯卧漂浮，用双脚交替向后踩自行车的方式向前游进，最先完成的一组为胜者。

【游戏难度】★★★

【图　　例】

【注意事项】游戏者应保持身体上半身平直，可抬头换气。

30. 青蛙跳水

【游戏目的】克服怕水心理，提高游泳兴趣。

【游戏玩法】游戏者蹲在浅水区岸边，教练将浮力棒首尾相接做成一个圆形，游戏者模仿青蛙跳水的样子跳入圈内，成功跳进圈内的即为成功。

【游戏难度】★★★

【图　　例】

【注意事项】教练在游戏中要利用语言鼓励游戏者勇敢尝试跳水，并做好保护工作。

31. 火箭升空

【游戏目的】强化身体流线型姿态，发展下肢力量，感受水的浮力和阻力。

【游戏玩法】游戏者手臂伸直夹住耳朵站立作"火箭"状，下蹲到水下后用力向上跃起，跳得高者为胜者，看哪一枚"火箭"升空最高。

【游戏难度】★★★

【图　　例】

【注意事项】跃起时要保持身体的流线型姿态。

32. 吹泡泡比赛

【游戏目的】熟悉水性，增强肺活量，强化换气技术。

【游戏玩法】两人一组面对面站立，深吸气潜到水下同时吐泡泡，吐气时间长的游戏者为胜者。

【游戏难度】★★

【图　　例】

【注意事项】游戏者不要逞强，避免呛水，出水后迅速吸气，不要用手抓脸上的水。

基础篇

（学习蛙泳）

（一）学习目标

1. 掌握蛙泳腿、蛙泳手、蛙泳腿与呼吸的配合、蛙泳手与呼吸的配合以及完整蛙泳配合的技术动作。

2. 能在水中用蛙泳游完 25 米。

3. 在学练过程中能有勇于克服困难的勇气，乐于帮助同伴。

（二）基本技能的学练方法及游戏拓展

— 蛙泳腿技术 —

学练方法

（1）陆上模仿练习。在初学蛙泳腿时教练带领学生学练蛙泳腿陆上模仿练习的分解练习，在掌握分解动作的基础上再进行完整动作的陆上模仿练习，让学生知道并能做出蛙泳腿"收翻—蹬夹—滑行"的技术动作。

（2）半陆半水蛙泳腿练习。让学生坐在池边、趴在池边，腿放入水中进行蛙泳腿的完整练习，体会水中蹬夹水的动作。

（3）抓池壁蛙泳腿练习。学生双手抓池壁，分别尝试抬头蛙泳腿（在浮力棒的帮助下）、低头漂浮蛙泳腿完整练习。

（4）手持浮板抬头蛙泳腿练习。在浮力棒的帮助下，手持浮板在规定距离内做抬头蛙泳腿练习。

（5）漂浮蛙泳腿练习。蹬池壁漂浮做完整蛙泳腿练习。

游戏拓展

1. 推小车

【游戏目的】强化蛙泳腿收翻到位。

【游戏方法】在浅水区内游戏，游戏者两人配合，其中一人手持浮板夹住浮力棒，抬头漂浮于水中，并做蛙泳腿收翻的动作，另一人双手抓住其脚掌向外，帮助收翻到位并向前推进，做10米往返，返回时两人互换角色。将全班分为人数相等的小组进行接力比赛，最先完成的一组为胜者。

【游戏难度】★★

【图　　例】

【注意事项】游戏要在浅水区完成，教练可做裁判提醒学生翻脚到位。

2. 企鹅步接力赛

【游戏目的】强化蛙泳腿勾脚、外翻的动作。

【游戏方法】游戏者两脚外翻、勾脚，用脚后跟像企鹅一样向前行走。全班分为人数相同的小组进行接力赛，最先完成的一组为胜者。

【游戏难度】★★

【图　　例】

【注意事项】在行走过程中要保持双脚外翻、勾脚。

3. 顶牛

【游戏目的】强化蛙泳腿技术动作，增加蹬腿力度。

【游戏方法】两人一组面对面，双手与同伴五指交叉站立于浅水区，听到"开始"口令后，同时俯卧漂浮，并用力蹬蛙泳腿将同伴向前推进，先将同伴推出至其身后的标志处即为胜者。

【游戏难度】★★★★

【图　　例】

【注意事项】游戏中手臂尽量伸直，采取抬头换气。

4. 蛙泳腿蹬远

【游戏目的】巩固蛙泳腿技术，提高蹬水效果，强化动作节奏。

【游戏方法】游戏者两人或多人一组，在同一起点开始漂浮，做一次蛙泳腿动作，然后向前滑行，直到不再向前滑行即站立，哪一个滑行的距离远即为胜者。可将全班分为若干组进行比赛，每组比出第一名后，各组的第一名再进行比赛，最终比赛出全班滑行最远的一名学生进行展示。

【游戏难度】★★

【图　　例】

【注意事项】游戏中提醒学生量力而行，注意憋气时间不要太长，以免发生窒息。

5.蛙泳腿接力赛（一）

【游戏目的】巩固提高蛙泳腿技术，增长游距，培养学生团结协作、奋勇拼搏的精神。

【游戏方法】全班分成人数相同的组在15米距离内往返接力赛，游戏者手持浮板做抬头蹬蛙泳腿动作向同伴游进，依次接力，最先完成的一组为胜者。

【游戏难度】★★

【图　　例】

【注意事项】游戏中每组用一块浮板，完成的队员将浮板传递给同组下一个出发的队友。初学者可以佩戴背漂。

－蛙泳腿与呼吸的配合－

学练方法

（1）抓池壁蹬腿与抬头换气练习。

（2）手持浮板蹬两次腿后，抬头换一次气。

（3）手持浮板蹬一次腿后，抬头换一次气。

游戏拓展

1. 蛙泳腿接力赛（二）

【游戏目的】巩固提高蛙泳腿技术以及蛙泳腿与呼吸的配合技术，培养学生团结协作、奋勇拼搏的精神。

【游戏方法】全班分成人数相同的组在15米距离内往返接力赛，游戏者手持浮板做蹬一次腿换一次气的动作，依次接力，最先完成比赛的一组为胜者。

【游戏难度】★★★

【图　　例】

【注意事项】如果游戏者对蛙泳腿与呼吸的配合动作掌握不够熟练，可以让游戏者蹬两次腿换一次气。

2. 运送队友

【游戏目的】巩固提高蛙泳腿技术以及蛙泳腿与呼吸的配合技术，锻炼下肢力量。

【游戏方法】游戏者两人配合，一名游戏者手持浮板，双腿夹浮板漂浮于水中，另一名游戏者双手抓住队友脚踝，漂浮于水中做蛙泳腿动作，将队友向前推进，两人均采用抬头换气方法。在 15 米处往返，返回时二者交换角色。将全班分为人数相等的组进行接力赛，最先完成的一组为胜者。

【游戏难度】★★★

【图　　例】

【注意事项】规定运输者蹬一次或两次腿就要换一次气，以强化练习腿与呼吸的配合。

－蛙泳手部动作－

学练方法

（1）陆上模仿练习。两脚前后或左右站立，身体前倾学练分解练习"划、收、伸、停"，之后学练完整动作"划收、伸停"。

（2）半陆半水蛙泳手练习。俯卧姿势趴在池边，手臂放入水中做"划收、伸停"的蛙泳手动作，体会水中蛙泳手的划水路线。

（3）站在水中蛙泳手练习。站在水中身体前倾做蛙泳手完整练习，体会划水时水的阻力及产生的推进力。

（4）水中行走蛙泳手练习。站立与水中，每做一次蛙泳手动作，向前走三步，体会划水时的推进力及划水节奏。

（5）夹浮板俯卧蛙泳手练习。双腿夹浮板，俯卧漂浮于水中，做蛙泳手完整练习，体会划水的推进力及动作路线。

游戏拓展

1. 夹板蛙泳手比远

【游戏目的】强化练习蛙泳手部动作，提高划水效果。

【游戏方法】游戏者3～5人一组，在同一起点夹浮板漂浮做相同次数的蛙泳手，并向前滑行，滑行距离最远的为胜者。

【游戏难度】★★★

【图　　例】

【注意事项】可以让每组的第一名进行终极比拼，比出全班划水效果最好的一位。

2. 蛙泳手拖带

【游戏目的】强化蛙泳手部动作，增强上肢力量。

【游戏方法】游戏者两人一组前后站立，两人均夹浮板漂浮，后者双手抓住前者脚踝，前者用蛙泳手技术向前游进，将后者拖带至目的地后，两者交换角色返回。可将全班分为两人一组的若干组比拼，最先完成的一组为胜者。

【游戏难度】★★★

【图　　例】

【注意事项】要根据学生实际情况合理安排拖带距离。

－蛙泳手与呼吸的配合－

学练方法

（1）陆上模仿练习。两脚前后或左右站立，身体前倾，学练"划收、抬头、吸气，伸停、低头、吐气"。

（2）半陆半水练习。卧姿趴在池边，手臂放入水中低头憋气，做"划收、抬头、吸气，伸停、低头、吐气"的完整练习。

（3）站在水中蛙泳手练习。站在水中，身体前倾，手和头放入水中，做蛙泳手与呼吸的完整练习，体会"划手、抬头、吸气"的时机。

（4）水中行走蛙泳手练习。站立于水中，身体前倾，手和头放入水中，每向前走三步做一次"划手、抬头、吸气"，体会划手换气的时机。

（5）夹浮板俯卧蛙泳手练习。双腿夹浮板，俯卧漂浮于水中，做蛙泳手与呼吸配合完整练习，体会划水的推进力及动作路线。

（6）夹浮力棒"划手、抬头、换气"。将浮力棒放在腋下，俯卧漂浮于水中，做"划手、抬头、换气，伸手、低头、吐气"的练习。

（7）俯卧蛙泳手与呼吸的配合学练。蹬壁滑行，做"划手、抬头、吸气，伸手、低头、吐气"练习。

游戏拓展

1. 夹板蛙泳手接力赛

【游戏目的】强化蛙泳手与呼吸的配合练习。

【游戏方法】全班分成人数相同的组进行接力赛。游戏者双腿夹浮板漂浮于水中，做"划手、抬头、换气"的动作向前游进，到目的地后与队友击掌，队友方可出发。最先完成比赛的一组为胜者。

【游戏难度】★★★★

【图　　例】

【注意事项】教练要控制好游戏距离。

－ 蛙泳完整配合 －

学练方法

（1）站立模仿练习。站立于陆地，做蛙泳完整配合练习（划手腿不动，收手再收腿，先伸胳膊后蹬腿，手脚伸直飘一会儿）。

（2）俯卧模仿练习。趴在陆地上做蛙泳完整配合练习。

（3）夹浮力棒做蛙泳配合练习。将浮力棒放在腋下做完整练习。

（4）完整练习。在规定的长度内不断练习蛙泳完整配合，逐渐增长游距。

游戏拓展

1. 蛙泳接力赛

【游戏目的】强化蛙泳技术，增长游距。

【游戏方法】全班分成人数相同的组在 15 米距离内进行蛙泳往返接力比赛，最先完成的一组为胜者。

【游戏难度】★★★★

【图　　例】

【注意事项】比赛距离可以根据学生游泳技术水平做调整。

2. 反蛙泳

【游戏目的】提高学生学习兴趣，培养良好水感。

【游戏方法】游戏者在规定泳道内尝试练习，双手抱浮板于小腹，仰卧在水中做反蛙泳腿向后游进，能不用浮板完成反蛙泳的即判定成功。

【游戏难度】★★★★

【图　　例】

【注意事项】教练要划分好活动区域，让学生注意不要相互碰撞。

拓展篇
（学习自由泳）

（一）学习目标

1. 掌握自由泳腿、自由泳手的动作要领，知道自由泳时手腿配合的方法。
2. 能用自由泳技术游 25 米以上。
3. 在学练中能勇于克服困难，和同伴团结协作。

（二）基本技能的学练方法及游戏拓展

－自由泳腿技术－

学练方法

（1）坐池边打腿。坐在游泳池边，身体稍后仰，两手向后支撑身体。两腿伸直并拢，脚背绷直，上下交替打水。

（2）俯卧池边打腿。趴在池边，两腿放进水里做上下交替打水的练习。

（3）抓池壁打腿。两手抓住池边，两臂伸直漂浮于水面，两腿上下交替打水，打 6 次腿抬头吸一次气，吸气时打腿不停止。

（4）持浮板打腿。手持浮板，两臂伸直低头漂浮于水面，两腿上下交替打水，每打 6 次腿抬头吸一次气。在规定区域内来回往返练习。

（5）徒手伸臂打腿。手臂前伸，低头漂浮于水面，两腿交替打水，每打 6 次腿抬头吸一次气，换气有困难的学生可以做蛙泳手划水帮助换气。

游戏拓展

1. 自由泳腿接力赛

【游戏目的】强化自由泳腿技术。

【游戏方法】将全班分为人数相同的组接力比赛。游戏者手持浮板漂浮于水中，做自由泳腿打水向前游进，将浮板交给对面的同伴后，同伴出发，最先完成的一组为胜者。

【游戏难度】★★

【图　　例】

【注意事项】教练根据学生游泳水平，合理安排游戏距离

2. 自由泳腿顶牛

【游戏目的】强化自由泳腿技术，增强腿部力量。

【游戏方法】游戏者两人一组，面对面站立，与同伴双手相扣，听到"开始"口令后，两人同时漂浮于水中，用自由泳腿技术将同伴向前推进，推过同伴身后的标志线即为胜利。

【游戏难度】★★★

【图　　例】

【注意事项】游戏中两人要保持双臂伸直，肘关节不要弯曲。

3. 自由泳腿运送队友

【游戏目的】强化自由泳腿技术，增长打腿距离。

【游戏方法】游戏者两人一组配合，前面一名游戏者双腿夹浮板，手臂伸直漂浮于水中，后面的游戏者抓住其脚踝，用自由泳腿技术将队友向前推进，到达对岸后返回，两人互换角色，最先完成的一组即为胜者。

【游戏难度】★★★★

【图　　例】

【注意事项】游戏中采用抬头换气的方法。

－自由泳手技术－

学练方法

（1）站立陆上模仿练习。两脚前后站立，身体前倾，双臂前伸。练习右手时左脚在前，左手臂伸直贴紧耳朵，右手做自由泳手臂模仿练习。右手熟练后换左手练习。

（2）俯卧池边划水练习。俯卧在池边（身体与池边平行），一只手伸直，另一只手在水中做自由泳划水练习，两手交替练习。

（3）站立水中划水练习。站立在浅水区，一只手抓池边，另一只手做划水练习，两手交替练习。

（4）持浮板划手练习。一只手抓浮板手臂前伸，低头漂浮于水中，另一只手做自由泳手划水练习，划3～4次手后抬头换气一次，两手交替练习，熟练后练习双臂配合划水。

（5）夹浮板划水练习。双腿夹住浮板，两手配合做自由泳手划水练习，每做3～4次划水后换气一次。

游戏拓展

1. 夹板划手接力赛

【游戏目的】巩固提高自由泳手技术。

【游戏方法】全班分为人数相等的若干组进行接力比赛，游戏者双腿夹住浮板，用自由泳手划水向前游进，到对岸的同伴处交接浮板，队友即可出发，最先完成比赛的一组即为胜者。

【游戏难度】★★★★

【图　　例】

【注意事项】若没有掌握转头换气技术，可采用抬头换气。

2. 自由泳手拖带

【游戏目的】提高自由泳手划水效果，增强手臂力量。

【游戏方法】游戏者两人一组配合，两人夹浮板漂浮于水中，后者抓住前者脚踝，前者用自由泳手划水向前游进，到对岸后返回，两人互换角色，最先完成一次往返的一组为胜者。

【游戏难度】★★★

【图　　例】

【注意事项】后者可抬头换气。

－自由泳换气技术－

学练方法

（1）站在水中换气练习。站立于浅水区，一只手抓池边，另一只手贴紧大腿，身体前倾做自由泳转头换气练习。

（2）持浮板打腿换气练习。一只手抓浮板前伸，另一只手贴紧同侧大腿，漂浮于水中两腿交替打水，每打6次腿转头换气一次。

（3）持浮板划手转头换气练习。双臂前伸，一只手抓浮板中后部，另一只手在浮板侧面贴紧浮板，做划手时向同侧转头换气。

（4）夹浮板划手转头换气练习。双腿夹浮板漂浮于水中，双臂前伸做单臂划水转头换气练习。

游戏拓展

1. 踩水比赛

【游戏目的】巩固提高踩水技术。

【游戏方法】5～8人一组围成圆形站立，听到"游戏开始"口令后，同时开始踩水，坚持时间最长的游戏者为小组冠军，然后每组的冠军再进行比拼，踩水时间最长的为全班总冠军。

【游戏难度】★★★★

【图　　例】

【注意事项】比赛中身体任何部位接触池底即判定失败。

2. 跳水出发比赛

【游戏目的】强化跳水出发技术。

【游戏方法】游戏者3～5人一组，从池边跳水出发，入水后身体呈流线型向前滑行，向前滑行距离最远的即为胜者。

【游戏难度】★★★★

【图　　例】

【注意事项】游戏者滑行结束即站立于水中。

－自由泳配合－

学练方法

（1）陆上模仿练习。站立于陆上，双脚交替抬起模仿打腿动作，双手交替划水，每划水两次做一次转头换气。

（2）持浮板自由泳完整练习。手持浮板俯卧于水中，做自由泳完整配合练习。

（3）徒手自由泳完整练习。在没有辅助器材的情况下做自由泳完整配合练习，一般做 10～15 米的间歇练习为佳，也可以徒手练习和持浮板练习相结合，这样更利于掌握正确的自由泳配合技术。

游戏拓展

1. 两人合作自由泳

【游戏目的】提高自由泳手和自由泳腿技术，培养学生团结协作的能力。

【游戏方法】游戏者两人一组前后站立，游戏开始后，两人前后漂浮于水上。后面的同学抓住前面同学的脚踝，并做自由泳腿打水动作，前面的游戏者做自由泳手臂划水动作，两人配合向前游进，到达对岸后返回交换角色。最先完成一次往返的一组即为胜者。

【游戏难度】★★★★★

【图　　例】

【注意事项】游戏中两人不能分开。

2. 自由泳接力赛

【游戏目的】强化自由泳技术，增长游距。

【游戏方法】游戏者在规定的泳道内自由泳向前游进，到达同组队员面前与其击掌，随后同伴出发。全班分成人数相同的若干组进行接力比赛，最先完成的一组为胜。

【游戏难度】★★★★

【图　　例】

【注意事项】交接时两人必须击掌，后者才可出发。

三、教学建议与指导

1. 安全第一

游泳是一项在水中完成的运动项目,在教学中我们首先要把安全放在第一位,没有安全就没有一切。在教学中要消除一切不安全的因素和隐患,始终绷紧安全第一这根绳。为保障游泳教学的安全,应重点注意以下几点。

（1）安全的教学环境

游泳馆需要有专人负责水质处理及监测,保证水质清澈见底,余氯值达标,水温在 26～28 摄氏度。游泳教学时,除教练外,还应配有救生员及巡边员,确保教学中水下及水上学生的安全。

（2）完善的管理制度

游泳课开设过程中要有明确的规章制度,如学生请假制度、教练员管理制度、学生进出游泳馆点名制度等,所有参加游泳课的学员以及教练员、工作人员都应该遵守游泳课的各项纪律规定。

（3）合理的教学内容

学校要根据学生身心发展状况安排合理的教学内容,教练员要提前做好备课等教学前的准备工作,确保学生能在自己的努力下完成合理的学习目标。

2. 循序渐进

（1）从陆上模仿到水中练习

游泳是水上运动项目,人们对水环境的熟悉程度要远远小于陆上环境,人们习惯在陆上直立的活动,而游泳动作需要人们在水中俯卧或仰卧完成,同时还要适应水的阻力、浮力等,尤其对于小学生来说,直接在水中掌握游泳技能相对要困难得多。在教学中,我们采用先陆上后水下的方法,会得到事半功倍的效果。例如：在蛙泳腿教学中,我们让学生趴在陆地上掌握蛙泳腿的动作要领,知道蛙泳腿的动作路线,当学生能很好地完成陆上模仿练习后,再到水中去练习,学生会更容易掌握,不会出现手忙脚乱的情况。

（2）从分解学练到完整练习

很多游泳动作结构相对复杂一些,尤其对于初学的小学生来说,掌握起来可

能又困难一些,这时我们通常把一个复杂的动作分解成若干个简单的动作分别教学,而后再进行完整练习,这样学生掌握起来会更容易些。例如:对于蛙泳手技术,我们可以把动作分为"划、收、伸、停"四个简单的动作去教学,学生掌握之后再教完整的"划收、伸停"动作,实践证明这种教学方法的效果非常明显。

(3)从基本动作到先进技术

学习难度较大的、先进的游泳技术应建立在扎实的专项素质和良好的水感基础上,对于初学游泳的小学生来说,可以先学一些简单的技术,更容易培养其游泳的兴趣。例如:自由泳手臂教学时,教练可以先教会学生直臂划水、直臂前移,而后再教高肘屈臂划水和高肘移臂,这样做的好处就是降低难度,让学生先学会完整配合,再进行动作路线及动作结构的细化。

(4)从简单动作到复杂动作

动作难度要逐渐增加,如果多数学生掌握不了所教技术,难度就应该偏大了。在手段的安排上,后一个动作和前一个动作的某一部分要相同或有联系,这样既有利于技能的巩固又有利于学习新动作。学习新动作要由简到繁,即先学简单的,再学复杂的;先教腿,后教手,最后再配合;先教轮廓,再教细节。例如:教自由泳注意手与呼吸的配合。

3.巧用游戏

游泳即游戏。在游泳教学中,合理的游戏能给教学提供非常必要的帮助。游戏不仅能提高课堂效率,还能培养学生的水感和游泳的兴趣。在教学中的实践案例很多。

例1 水中直立行走也是熟悉水性的有效方法,在这一环节中,有些教练往往会操之过急,出现直接让学生在水中独立行走的情况,要知道大多数学生都是第一次下水,在水中他们很难保持身体平衡,更别谈独立自如地行走了。这时我们应该有足够的耐心,带着学生"慢慢玩"。我们可以采取扶池壁站立、行走,然后两人或者多人一组并排行走,两人或者多人前后协作,后面的同学双手扶着前面同学的肩膀共同行走等。这样几个游戏下来,学生在水中有了一定的身体感知,完全适应了水的压力和浮力,这时候就可以让学生大胆地尝试水中独立行走了。

例2 对于初学者来说，最难的或许就是憋气了，尤其是越小的孩子教起来越困难，解决憋气这一难题最有效的方法莫过于游戏了。开始我们可以让学生捏住鼻子闭紧嘴巴，把嘴巴和鼻子先放入水中，学生没有呛水后，可以继续将眼睛放入水中，而后将头全部没入水中。在教学中经常会遇到学生由于对水的恐惧，在水中憋气的时候会紧闭双眼，这时我们可以利用一个小游戏让学生大胆地睁开双眼：让学生在水下憋气时观察教练的手伸出几根手指，看到后出水告诉教练答案。看似简单的游戏却能充分发挥它最大的作用，很多学生在这样的游戏中不仅大胆地睁开了双眼，更能在其中找到胜利的喜悦，收获更多的自信心，提高对游泳学习的兴趣。当学生能大胆地捏着鼻子在水下憋气之后，再让学生尝试不捏鼻子憋气，这时应该不难解决埋头憋气的问题了。针对憋气，还有一个拓展游戏，建议可以放在本课的末端，游戏内容是：在浅水区扔下一个钥匙或其他标记物，让学生潜到水下捡出。这一游戏不仅强化学生的憋气技术，又能让学生在捡到标记物的时候收获成功的喜悦，而在学生下潜捡标记物的时候会感觉到水的浮力拖着自己难以下沉摸到标记物，需要在老师的帮助下才能下沉，这时老师可以告诉学生，在低头憋气的时候，水的浮力会拖住我们向上浮起来，这样一来又让学生的怕水心理得到了进一步解决，可谓一个游戏多种收获。

例3 漂浮与站立是进行游泳技术动作学习的基础，想要学习游泳技术动作，必须建立在学生能够漂浮于水中的前提下，而能从漂浮状态下完成水中站立，才能够保证学生在水中的安全。在学生学会了埋头憋气之后，我们先尝试教会学生抓住池壁漂浮与站立。这时的重点应该是解决低头和放松的问题，教练可以利用游戏"看数字"，来解决学生低头时眼睛看池底的问题，此外，在游戏中，学生的注意力一旦转移到教练的手指上，身体就会自然放松。对于站立动作的教学，多数情况下我们都采取教科书式的团身、压手站立，这种站立方法简单、稳定，这里不多做说明。然而对于少数学生来说，因为怕水心理身体过分绷紧，在收腿团身时达不到我们想要的重心前移、将身体从俯卧状态移动至直立状态，也就是重心还在身后，这样就造成学生站不起来，容易呛水。针对这种情况，有一个"踩自行车"游戏能快速解决所有问题。让学生在漂浮状态下做骑自行车的动作，一边用脚底踩水一边将膝盖向前移动，这使学生很容易完成重心的变化，轻松站立。

学会漂浮与站立后，蹬壁滑行就变得容易许多，在蹬壁滑行中我们不妨多用比赛形式的游戏来激发学生的练习兴趣，让学生在游戏中不断收获胜利的喜悦，逐渐掌握提高漂浮与站立的技术动作。拓展游戏有："导弹发射""发射火箭""快速站立""水里的花朵""哪一组的花瓣多""身体摆字""推小车"。

4. 直观教学

直观教学是在教学中充分利用学生的各种感官和已有经验，通过各种形式的感知，丰富学生的感性认识和经验，使学生获得生动的体验，从而有助于动作技能的形成。直观教学对于小学生的作用更为明显，由于儿童的模仿能力强，思维能力差，利用直观教学可以有效地提高教学效果。在游泳教学中我们可以通过以下手段进行直观教学。

（1）标准的示范

示范是游泳教学中最常用的方法。对小学生的示范我们要有不同示范面，例如，蛙泳手示范时，我们既要有正面示范还要有侧面示范，以便学生更加清楚地看到划手的路线。此外，在教师示范时，为确保安全，应要求学生必须在陆上。

（2）约定好手势

游泳馆环境嘈杂，尤其是室内游泳馆在上课时还会有回音，在学生练习时还会有水的声音。在这种环境下，很多时候学生可能听不清教练的要求，这时候如果能用手势告诉学生需要做什么、如何做等会比大声呼唤更有效。手势可以有：开始、结束、上岸、集合等指令性手势，还可以有技术性手势，如：用手臂和双手做出蛙泳腿的翻脚动作，以示意学生翻脚到位等。在运用手势前一定要注意，不论利用什么手势，事前都要和学生讲清楚，并有明确的约定。

（3）利用好电子科技产品

对于一些不能分解的动作，结构复杂的动作和动作细节、动作轨迹都可以利用手机、平板电脑等电子科技产品去展示图片、动作慢放等去显示动作的结构和细节。此外，还可以利用手机录像让学生直观地发现自己的错误动作，以便改进动作。例如，在蛙泳腿教学中，有学生出现翻脚不到位、大腿收太多等错误动作时，教练就可以把该同学的动作用手机录制后播放给学生看，这样学生便一目了然地发现自己动作的不足之处。

（4）精妙的语言

对于小学生来说，要用形象的语言代替一些名词术语。例如，蛙泳腿的动作节奏像拉弓射箭，收翻像拉弓一样要慢、要拉满，蹬夹像射出去的箭一样要快而有力。这些形象的语言有助于学生对动作要点的理解。

四、学习评价

学生天生是喜欢水的，每个孩子都希望自己在游泳池内能够像鱼儿一样畅游，可是由于很多原因，我们会发现少部分孩子在10～12天的时间内很难真正地掌握游泳技能。在考核评价过程中，不能简单地用某某学生最终能游多少米来评价该同学的能力等级，我认为可以从运动知识技能、体能学练，自我表现，情意与合作表现这三个方面综合打分。例如下面的评价表，三个方面一共有9颗星，达到4颗星即可授予学生"铜海豚"称号，5颗星授予"银海豚"称号，7颗星授予"金海豚"称号。

运动知识技能、体能学练等级	自我表现等级	情意与合作表现等级
★★★：完全掌握蛙泳手和蛙泳腿动作配合技术。 ★★：较好地掌握蛙泳手和蛙泳腿动作配合技术。 ★：基本上掌握蛙泳手和蛙泳腿动作配合技术。	★★★：动作协调，能够用完整配合动作游出10米以上距离。 ★★：蛙泳手脚会配合，能够用完整配合动作游出8米以上距离。 ★：会漂浮、滑行及蛙泳手脚的动作，能够用完整配合动作游出5米以上距离。	★★★：超额完成蛙泳技术技能相关的各种素质练习和游戏。 ★★：按照规定完成蛙泳技术技能相关的各种素质练习和游戏。 ★：基本上能完成蛙泳技术技能相关的各种素质练习和游戏。
★★★★★★★达到7颗星为"金海豚"		
★★★★★达到5颗星为"银海豚"		
★★★★达到4颗星为"铜海豚"		

第四章 实践案例

一、小学游泳课程实施案例

我校学生体量大，且游泳与水打交道，具有一定的危险性，尤其要有强有力的组织保障。为了能够顺利完成项目计划，我们在每次活动前都要进行全员师生培训。

教师及工作人员培训由校长牵头召开培训动员会，安排落实培训中的人员分工，明确每个岗位的职责。学校行政每天还安排一名校长与一名中层值班，记录督查活动开展情况。课程实施时段，除教学人员外，至少还有8名老师分工协助管理。

学生方面的工作从发放《告家长书》开始，调查学生体质，将不适宜游泳的同学单独列出；然后进行集中学习，由教练进行游泳安全与技能的培训；活动前再由班主任进行纪律教育与活动提醒。

正是因为坚持把培训中的每一个细节做到位，形成了一套完善的管理体制，所以多年来，我校游泳课没有发生一例安全事故。

（一）管理人员分工

安定小学游泳课程工作人员安排表

一、课程组：

组　　长：李继东（校长）

副组长：肖永明　蔡长青　杨敏　冯兵　张志明（副校长）

成　　员：周晓芹　李正中　卢小娟　冒亚芳　张宏（中层）

二、专职安全员：

朱中华（学生点名、登记，收存记录单）

三、场馆管理：朱祥（总负责）
　　　　　　　　周学连、卢晓琴、张翠芬

（具体工作：开关门、设备设施检查、加热、消毒、卫生打扫等。）

四、行政值班：

星期一	星期二	星期三	星期四	星期五
肖永明	蔡长青	杨　敏	冯　兵	张志明
☆丁徐华	☆陈培娟	☆徐丹阳	☆冯星星	☆朱　祥

（☆第二排行政人员负责当天所有课时责任人及场馆管理人员的管理、记录。）

五、授课流程安排：

任教体育老师提前一天通知授课班级的班主任和学生，安排学生做好相关准备→课前班主任统计人数并记载→班主任按时带队进馆→清点进馆人数并记载→更衣室管理（跟班老师负责女更衣室，体育老师负责男更衣室）→沐浴（有序组织、提醒防滑、杜绝嬉戏打闹）→浸脚池消毒（防滑）→进入游泳场（有序组织、提醒防滑、杜绝嬉戏打闹）→教练员、助教授课（班主任、体育老师、救生员、安全员、值班人员、行政值班巡视）→班主任对授课情况进行记载→授课结束，所有人员有序组织学生→沐浴→更衣→清点出馆人数并记载。

（★行政督导组对以上流程进行考核，考核结果计入该班当天考核表"其他"栏。）

（二）体质调查

致四年级家长的一封信

尊敬的家长：

　　为了适应教育发展的需要，确保每一位学生掌握游泳这一生存技能，我校本学期将对四年级学生开设游泳课程。时间定于9月8日至9月14日（具体时间由班主任另行通知）。

　　如您希望并同意您的孩子参加游泳课，为了确保孩子的安全，请您务必认真、如实填写下方申请表。

　　（提醒：特异体质者和其他不适合游泳者不得申请，如有特殊情况可与班主任联系。）

如皋市安定小学
2019年9月6日

（下表沿线裁下交学校）

表7.1　申请表（回执）

学生姓名		班级		性别		年级	
是否是特异体质	是		是否申请参加游泳课程	是			
	否			否			
家长姓名				联系电话			

备注：1. 特异体质者及其他不适合游泳者不得申请。
　　　2. 游泳学习自备物品：泳衣、泳帽、潜水镜、大毛巾。

（三）课程安排

表 7.2　安定小学 2019 年 9 月份游泳课程安排表

日期		时间	班级	课程内容	课时责任人			行政值班
					班主任	任课老师	体育老师	
第二周	9月8日	下午第一课（同欣剧院）	四年级学生	游泳安全理论知识	全体班主任	臧林林	朱中华	卢小娟
第三周	9月11日	8：10—9：30	四(1) 四(2)	换气及蛙泳腿	唐春梅 薛美霞	邵春红 陈国芳	顾福琴	肖永明 丁徐华
		13：00—14：20	四(3) 四(4)	换气及蛙泳腿	郭海霞 唐娟	刘小莉 邹海兰	顾福琴	
		14：30—15：50	四(5) 四(6)	换气及蛙泳腿	卢小娟 蔡红燕	蒋月琴 沈丽霞	顾福琴	
	9月12日	8：10—9：30	四(7) 四(8)	换气及蛙泳腿	葛亚云 阚海燕	朱爱芬 李霞	顾福琴	蔡长青 陈培娟
		13：00—14：20	四(9) 四(10)	换气及蛙泳腿	刘小燕 宋奇慧	贾小玲 万范培	顾福琴	
		14：30—15：50	四(1) 四(2)	蛙泳腿及划水	唐春梅 薛美霞	邵春红 陈国芳	顾福琴	
	9月13日	8：10—9：30	四(3) 四(4)	蛙泳腿及划水	郭海霞 唐娟	刘小莉 邹海兰	顾福琴	杨敏 徐丹阳
		13：00—14：20	四(5) 四(6)	蛙泳腿及划水	卢小娟 蔡红燕	蒋月琴 沈丽霞	顾福琴	
		14：30—15：50	四(7) 四(8)	蛙泳腿及划水	葛亚云 阚海燕	朱爱芬 李霞	顾福琴	
	9月14日	8：10—9：30	四(9) 四(10)	蛙泳腿及划水	刘小燕 宋奇慧	贾小玲 万范培	顾福琴	冯兵 冯星星
		13：00—14：20	五(1) 五(2)	组合动作	刘海荣 庄宁红	戴蓉 刘小龙	朱中华	
		14：30—15：50	五(3) 五(4)	组合动作	钱海霞 郭夕梅	葛赟 徐爱萍	朱中华	

续表

	9月15日	8：10—9：30	五(5)五(6)	组合动作	包玉华蒋亚光	高亚莉姚正平	朱中华	张志明朱祥
		13：00—14：20	五(7)五(8)	组合动作	李慧王足琴	徐晓莺郝慧云	朱中华	
		14：30—15：50	五(9)五(10)	组合动作	曹美华吴光其	洪爱平曹小平	朱中华	
第四周	9月18日	8：10—9：30	五(1)五(2)	游泳操	刘海荣庄宁红	戴蓉刘小龙	朱中华	季霞云丁徐华
		13：00—14：20	五(3)五(4)	游泳操	钱海霞郭夕梅	葛赟徐爱萍	朱中华	
		14：30—15：50	五(5)五(6)	游泳操	包玉华蒋亚光	高亚莉姚正平	朱中华	
	9月19日	8：10—9：30	五(7)五(8)	游泳操	李慧王足琴	徐晓莺郝慧云	朱中华	李锋陈培娟
		13：00—14：20	五(9)五(10)	游泳操	曹美华吴光其	洪爱平曹小平	朱中华	
		14：30—15：50	六(1)六(2)	组合动作	冯伟张宏	刘小燕蒋彬	孙虎斌	
	9月20日	8：10—9：30	六(3)六(4)	组合动作	刘小林石潇潇	郭建玲沈菊芳	孙虎斌	肖永明徐丹阳
		13：00—14：20	六(5)六(6)	组合动作	谢肖艳洪建国	冯佐敏王燕	孙虎斌	
		14：30—15：50	六(7)六(8)	组合动作	马敏周亚兰	缪小云鞠建红	孙虎斌	

备注：1. 班主任必须在规定时间内带领学生到游泳馆，凡是涉及课务的科任老师、体育老师必须在规定时间内到岗，如有课务冲突请自行调整。
2. 其他相关人员参照专题会议精神也须按时到岗。
3. 行政督查和课时责任人均要填好相关记载表。
4. 相关联系电话：（略）

	★课时说明：	四年级	五年级	六年级	三年总计
	上学期	6	4	3	
	下学期	6	3	2	
	合计	12	7	5	24课时

（四）授课记录表

表 7.3　如皋市安定小学游泳课授课记录表

授课时间	班级	游泳人数 男	游泳人数 女	离馆人数	班主任	任课老师	体育老师	安全员	场馆工作人员	教练

授课情况	
行政值班	
授课流程	任课体育老师通知授课班级—课前班主任统计人数并记载—班主任、科任按时带队进馆—安全员清点人数并记录—沐浴更衣。
	漫脚池消毒—入池—教练员授课—班主任对授课情况进行记录—结束清点学生离馆。

（五）应急预案

安定小学游泳馆安全事故应急预案

一、完善组织机构，落实工作职责。

应急处理组长：蔡长青

应急处理副组长：朱 祥

现场应急处理救护人员：朱中华

设备应急处理维护负责人：李正中

秩序应急处理负责人：臧林林

现场应急处理卫生管理员：许映冬

二、事故应急预案如下。

1.当游泳池发生溺水事故时，岗位救生员应立即进水抢救溺水者：将溺水者拖带上岸，由医疗人员及救生员进行现场抢救，抢救方法包括倒水、人工呼吸、胸外按压等，现场抢救不能间断，直到溺水者苏醒或医院救护人员到来交接为止。

2.在现场抢救的同时，在场工作人员应配合抢救，马上拨打就近医院120急救中心电话，报告事故原因，事故发生时间、地点，能让急救中心工作人员争取更快赶到事故现场急救，并维护现场秩序。

3.通知游泳池负责人尽快到现场负责事故现场处理工作，保护现场及做好防范事故的继发。

4.当发生伤亡事故时，事故责任人应及时通知报告当地公安、体育、卫生等部门，做到及时处理，妥善安排。

5.事故发生后，责任人或组长应及时做好事故现场其他人员的安排及离场秩序，做好事故发生笔录及现场目击笔录。

三、事故应急小组成员应在业务上不断提高自身抢救能力，学习科学的抢救方法与知识，责任心强，应具备救死扶伤、拯溺救难的高尚品德。

四、经常性对现场抢救技能进行练习演练，反复实践，自我提高。遵守纪律，严守岗位，服从指挥，统一调配。

二、小学游泳课程教学设计

（一）蛙泳单元教学设计

1. 教学价值和意义

兴趣是最好的老师，运动兴趣和习惯是促进学生自主学习和终身坚持锻炼的前提。本单元以新课程标准为理论依据，教学中以学生发展为中心，重视学生的主体地位。从单元的设计到评价各个环节，始终把学生的发展放在中心地位，在教学活动中充分发挥教师主导作用的同时，特别体现学生的主体地位，从而激发学生的学习兴趣，培养学生的学习能力，提高课堂效率。

2. 教材分析

蛙泳是一种比较古老的泳式，由模仿青蛙的游泳动作而得名。蛙泳是游泳四种姿势中速度最慢的一种，且"易学难精"。蛙泳的呼吸容易掌握，每个动作周期结束后都有一定的滑行放松时间，所以较容易学会。但蛙泳手臂与呼吸动作的配合，以及完整动作的掌握具有一定的难度。如果动作掌握不正确，导致作用力与反作用力相互抵消，游泳时会出现"原地不动"的现象，所以蛙泳教学时应多加强腿部动作练习。

3. 学情分析

本单元学习的对象为水平二学段小学三年级学生，他们活泼好动，充满活力，对游泳运动非常感兴趣。但由于受经济和场地等条件的限制，很多学生上小学前从未参与过游泳运动。因孩子担心游泳时呛水、呼吸困难等，会产生怕水心理，面临心理关的考验，教师要进行及时的心理辅导，通过游戏等方式帮助孩子熟悉水性，克服怕水心理。

4. 设计思路

以"健康第一"的思想为指导，以学生全面发展为基准点，依据《义务教育体育与健康课程标准》（2011年版），尊重学生的主体地位，挖掘学生学习潜力，关注不同层次学生的需求，让学生在掌握技能的同时，培养相关能力品质，促进学生运动健康。在教学中通过游戏穿针引线、整合教学资源、优化教学互

动、丰富互助的情感体验、细化教学评价等诸多有效策略相互穿插、互为辅助，使课堂教学人文、本真而高效。

5. 教学组织策略

根据学生在课堂练习时的实际进度，遵循有效学习与掌握运动技能的原则，及时对练习次数与强度进行调整，教师语言着重动作技能方法指导、启发学生思考及在学生学习过程激励话语的表达，以实现本单元预设的学习目标。

6. 教与学的方式方法思考

其一，导学穿插、互为渗透。在教学中，导、学有机穿插，互为渗透，互为提升。课堂教学轻说教、重生成，还学生充分的自主学习空间，同时又不放松对课堂效率的追求。

其二，教学中加强对学生游泳兴趣的培养，根据学生的具体情况，采用可行的练习方法，下达不同的学练任务菜单。例如：在学习蛙泳腿技术时，水感好且动作规范的学生可以采取独立持浮板蹬腿练习，水感不好的学生可以两人一组合作蹬腿等。

其三，更新评价理念，方法简易可行。教学过程中，教师要适时评价学生的学习情况。评价内容不仅仅是技术动作上的评价，还包括纪律、安全、小组合作等多方面的评价，评价形式为学生自评、生生互评、教师评价等。

（二）蛙泳单元教学计划与课时教案

蛙泳单元教学计划

教学对象：水平二（三年级）

单元设计意图	1. 游泳运动是小学生喜爱并符合小学生年龄特点的运动项目之一，它不仅是一项对身体健康十分有益的活动，更是一项重要的生存技能。 2. 本单元教授学生熟悉水性和蛙泳，让学生逐步适应水的环境，掌握游泳基本技术技能，提高学生参与游泳运动的兴趣，全面发展学生的耐力、力量、柔韧、协调等身体素质，促进身体的正常生长发育，促进身体健康，增强体质体能，培养学生勇敢、顽强、自信、互助、合作等优良品质。		
单元教学目标	**知识与技能学练** 了解水的特性，适应水的环境，能做出水中行走、呼吸、漂浮、踩水和滑行等动作，掌握蛙泳手、蛙泳腿、手腿配合游的动作技术，积极参与各种水中游戏活动。	**体能发展** 在初步掌握蛙泳手、蛙泳腿、手腿配合游的动作技术中，发展水中运动能力，提高柔韧、耐力、协调等身体素质，促进身体全面发展。	**情意与合作表现** 对学习蛙泳感兴趣，乐于接受老师和同伴的指导、关心和帮助，勇敢顽强，吃苦耐劳，有挑战自我，展示自我的勇气。
单元教材内容	**运动知识与技能** 水中行走和呼吸；漂浮、滑行与踩水；蛙泳腿技术；蛙泳腿与呼吸配合技术；手臂与呼吸技术；蛙泳腿与手臂动作技术配合。		**体能** 坐位体前屈、分腿跳、仰卧起坐、俯卧撑等素质练习发展；学生弹跳力、腰腹力量、手臂力量、协调性和柔韧性。

续表

学时	学时内容	学时教学目标	重、难点	教与学组织措施	体能（游戏）内容
课次一	1. 熟悉水性与呼吸。 2. 蛙泳腿陆上模仿练习。	1. 了解水的特性，能做出上蛙泳腿模仿动作，水中平衡行走，水上口腔吸气，水中口腔、鼻齐呼气的动作。 2. 掌握2种熟悉水性的基本方法，乐于在水中与教师、同伴合作游戏。 3. 逐步消除怕水心理，愿意参与熟悉水性的练习和游戏活动。	重点：水中身体平衡和呼吸的动作方法。 难点：消除怕水心理。	1. 示范、领做蛙泳腿陆上模仿练习。 2. 带领学生做手扶池壁或与同伴手牵手在水中练习身体平衡。 3. 组织学生扶池壁尝试学习呼吸技术。 4. 组织并参与游戏。	1. 打水仗。 2. 钻水线。 3. 水中行走。
课次二	1. 熟悉水性。 2. 漂浮与站立。 3. 抬头蛙泳腿技术。	1. 逐步适应水的环境，能做出水中漂浮与站立动作。 2. 掌握陆上俯卧蛙泳腿技术，能做出抓池壁漂浮抬头蛙泳腿动作。 3. 克服胆小怕水心理，能在学习过程中体会到游泳的乐趣。	重点：漂浮与站立。 难点：翻脚到位、蹬夹连贯。	1. 通过"小兔跳跳""企鹅赛跑"等游戏进一步熟悉水性，克服怕水心理。 2. 练习团身浮体及恢复站立姿势。 3. 运用手扶浮板和徒手蹬壁的两种练习形式，在水中练习由漂浮、滑行转为站立。 4. 借助浮板、浮力棒、背漂尝试练习蛙泳腿技术动作。	1. "小兔跳跳"。 2. "踩自行车"。 3. "发射导弹"。 4. "企鹅赛跑"。

续表

课次三	1. 蹬壁滑行与站立。 2. 抓池壁蛙泳腿。 3. 抓浮板蛙泳腿。	1. 进一步熟悉水性，提高动作的协调性及水上平衡能力。 2. 掌握蛙泳腿动作要领，能有向前的推进力。 3. 克服怕水心理，积极学练，善于与同伴合作游戏，养成顽强拼搏精神。	**重点**：翻脚和蹬夹水动作。 **难点**：翻脚和蹬夹水动作的路线。	1. 复习半陆半水蛙泳腿动作。 2. 抓池壁抬头蛙泳腿。 3. 2人一组合作抓浮板蛙泳腿。 4. 独立完成抓浮板蛙泳腿动作。 5. 2人一组进行"推小车""身体造字"游戏。 6. 学练蹬壁滑行与站立。 7. 组织"潜艇出动"游戏。	1. "推小车"。 2. "身体造字"。 3. "潜艇出动"。
课次四	1. 蛙泳腿技术。 2. 换气练习。	1. 进一步熟悉水性，巩固提高换气技术。 2. 能协调、有节奏地做出蛙泳腿动作，并有较好的推进力。 3. 能积极学练，主动参与游戏，能客观地评价同伴的动作并帮助其提高。	**重点**：翻脚到位、蹬夹水方向准确。 **难点**：慢收翻、快蹬夹的蛙泳腿节奏。	1. 复习扶池壁抬头蛙泳腿练习。 2. 复习换气技术。 3. 独自完成15米往返抓浮板抬头蛙泳腿动作，每次返回后抓池壁换气10次。 4. 组织游戏"夹板换气"。 5. 再次练习抬头蛙泳腿。 6. 组织游戏"打地鼠"。 7. 蹬壁滑行—蛙泳腿—站立。 8. 夹浮板仰浮。	1. 夹板换气。 2. "打地鼠"。

续表

课次五	蛙泳腿与呼吸的配合。	1. 知道蛙泳腿与呼吸配合的节奏。 2. 能做出两次蛙泳腿一次换气的配合动作。 3. 敢于展示自己的动作并能对同伴的动作做出客观评价。	**重点**：蛙泳腿与呼吸的配合。 **难点**：腿与呼吸配合连贯协调。	1. 学习半陆半水蛙泳腿与呼吸的配合。 2. 复习手持浮板抬头蛙泳腿动作（每次到边进行10次换气练习）。 3. 学习抓池壁蹬两次腿配合一次换气练习。 4. 组织学生2人一组，抓浮板进行2次蛙泳腿加上1次换气练习。 5. 组织游戏"石头、剪刀、布"等。	1."石头、剪刀、布"。 2."开火车"。 3."顶牛"。
课次六	蛙泳腿与呼吸的配合。	1. 进一步强化蛙泳腿与呼吸的配合，能做出一次蹬腿一次换气的配合。 2. 在25米往返蛙泳腿与呼吸的配合练习中提高耐力和协调能力。 3. 积极地参与学习过程，在长距离蹬腿练习中表现出能吃苦的优良品质，在游戏中能获得成功的喜悦。	**重点**：蛙泳腿与呼吸的配合。 **难点**：一次蹬腿一次换气的协调配合。	1. 组织学生复习2次蛙泳腿1次换气动作。 2. 组织学生进行游戏：抱浮板做反蛙泳腿。 3. 示范一次蹬蛙泳腿抬头换一次气。 4. 组织学生练习一次蹬蛙泳腿一次换气。 5. 邀请学生展示并组织评价。 6. 组织学生游戏"蛙泳腿接力赛"。	1.反蛙泳腿。 2.蛙泳腿接力赛。

续表

课次七	1. 蛙泳腿与呼吸的配合。 2. 学习蛙泳手臂动作。 3. 蛙泳手与呼吸的配合。	1. 知道蛙泳手部动作的划水路线，知道划水的时候抬头换气。 2. 能做出蛙泳手部动作，50%的学生划水时能抬头换到气。 3. 在游戏中能够团结协作，勇敢顽强。	**重点**：蛙泳手臂动作。 **难点**：手与呼吸协调配合，顺利换到气。	1. 学习蛙泳手陆上模仿练习。 2. 蛙泳腿与呼吸的配合练习。 3. 学习蛙泳手与呼吸的配合动作。 4. 组织学生进行"织网捕鱼"等游戏。	1. 夹板蛙泳手。 2. 织网捕鱼。
课次八	1. 蛙泳腿与呼吸的配合。 2. 蛙泳手与呼吸的配合。	1. 进一步练习蛙泳腿与呼吸的配合以及蛙泳手与呼吸的配合。 2. 能做出手蛙泳与呼吸的配合动作。 3. 养成敢于纠错和坚韧不拔的意志品质。	**重点**：划手时抬头吸气。 **难点**：手臂与头的协调配合。	1. 蛙泳腿与呼吸的配合练习。 2. 蛙泳手与呼吸的配合练习。 3. 夹板划手游戏。 4. 再次练习蛙泳手与呼吸的配合。 5. "水下冲浪"等游戏。	1."水中吊床"。 2."水下冲浪"。
课次九	1. 蛙泳腿与呼吸的配合。 2. 蛙泳动作完整配合。	1. 进一步练习蛙泳腿、蛙泳手与呼吸的配合。 2. 掌握蛙泳完整技术动作。 3. 积极参与游戏，在游戏中体验水带来的乐趣。	**重点**：蛙泳完整动作配合。 **难点**：手脚与呼吸的协调配合。	1. 蛙泳腿与呼吸的配合。 2. 蛙泳手与呼吸的配合。 3. 两次蹬腿一次划手换气配合。 4. 游戏"鲤鱼跳龙门"。 5. 尝试一次蹬腿一次换气配合。 6. 组织游戏"水中运输队"。	1."鲤鱼跳龙门"。 2. 水中运输队。

续表

课次十	1. 蛙泳腿与呼吸的配合。 2. 蛙泳动作完整配合。	1. 巩固蛙泳腿技术动作，提高蹬水效果。 2. 掌握完整的蛙泳动作，增长泳距，80%学生能游完成15米距离。 3. 积极参与游戏，在游戏中体验水带来的乐趣。	重点：蛙泳动作完整配合。 难点：完整动作全身协调。	1. 蛙泳腿与呼吸的强化练习。 2. 两次蹬腿一次换气的蛙泳配合。 3. 组织游戏"水下翻跟头"。 4. 一次腿一次换气的完整配合。 5. 组织游戏"运送队友"。	1."运送队友"。 2."水下翻跟头"。
课次十一	1. 蛙泳腿与呼吸的配合。 2. 完整配合。	1. 巩固蛙泳腿技术动作，提高蹬水效果。 2. 掌握完整的蛙泳动作，增长泳距，80%学生能游完25米距离。 3. 积极参与游戏，在游戏中体验水带来的乐趣。	重点：完整的蛙泳配合。 难点：全身协调，增长泳距。	1. 蛙泳腿与呼吸的配合练习。 2. 夹板蛙泳手与呼吸的配合。 3. 完整蛙泳动作配合。 4. 游戏：夹板仰卧漂浮划水。 5. 游戏：蛙泳接力赛。	1. 夹板仰卧漂浮划水。 2. 蛙泳接力赛。
课次十二	1. 考核。 2. 班级游泳比赛。	1. 巩固提高蛙泳完整配合技术，增长泳距。 2. 掌握蛙泳出发技术。 3. 与同伴团结协作参与游戏，能在游戏中体验水带来的乐趣。	重点：考核。 难点：正确面对考核，独立游完25米。	1. 蛙泳完整配合练习。 2. 学习蛙泳出发技术。 3. 考核。 4. 夹板仰卧"摩水"游进、"双人蛙泳"游戏。 5. 班级游泳比赛。	1. 夹板仰卧"摩水"游进。 2."双人蛙泳"。

续表

	运动知识技能、体能学练等级	自我表现等级	情意与合作表现等级
单元学习测试标准	★★★：完全掌握蛙泳手和蛙泳腿动作配合技术。 ★★：较好地掌握蛙泳手和蛙泳腿动作配合技术。 ★：基本上掌握蛙泳手和蛙泳腿动作配合技术。	★★★：动作协调，能够用完整配合动作游出15米以上距离。 ★★：蛙泳手脚会配合，能够用完整配合动作游出10米以上距离。 ★：会漂浮、滑行、及蛙泳手脚的动作，能够用完整配合动作游出5米以上距离。	★★★：超额完成蛙泳技术技能相关的各种素质练习和游戏。 ★★：按照规定完成蛙泳技术技能相关的各种素质练习和游戏。 ★：基本上能完成蛙泳技术技能相关的各种素质练习和游戏。

（小学）蛙泳单元教学计划第1课时教案

教学对象：三年级（男生15人；女生15人）

学习目标	1. 能做出水中行走动作，会用"不—怕"式呼吸法，能做出勾脚、翻脚、绷脚动作。 2. 掌握两种以上熟悉水性的方法，能做出陆上蛙泳腿动作。 3. 逐步消除怕水心理，愿意参与熟悉水性练习和游戏活动。	
内容设计	**技能动作规格**：水中呼吸的技术方法。	**重点**：水中平衡身体和呼吸的动作方法。
	游戏：水中行走、打水仗、钻水线。	**难点**：消除怕水心理。

过程/时间	过程内容	教师活动	学生活动	运动负荷		
				时间（分钟）	次数（次）	强度
师生互动 活跃情绪 12分钟	1. 课堂常规。 2. 热身操：游泳运动专项操。 3. 陆上蛙泳腿模仿练习。	1. 整队检查学生的服饰。 2. 师生问好，精神饱满。 3. 带领学生学练游泳运动专项操。 4. 组织并参与"翻脚、勾脚、绷脚"游戏。 5. 示范、带领学生练习陆上蛙泳腿模仿练习。	1. 按要求快速集合。 2. 精神饱满，听从指挥。 3. 模仿练习游泳专项操。 4. 积极参与游戏。 5. 认真参与模仿练习。 **组织形式**： 四列横队，在指定区域内进行。	1 1 4	1 1 30	小 中 中

本书教案中的时间单位为分钟

续表

自主学练 探究实践 19分钟	1.从易到难的水中行走： ①扶池壁行走。 ②水中手拉手向前走。 ③水中独立行走。 2."不—怕"式换气法。	1.组织学生参与水中行走的练习，鼓励学生大胆尝试。 ①带领学生扶池壁行走。 ②组织学生10人一组手拉手行走。 ③组织学生尝试水中独立行走。 2.组织学生学习换气动作。 ①示范"不—怕"式呼吸方法。 ②带领学生尝试无水换气练习。 ③指导学生尝试有水换气练习。 ④组织学生展示换气动作。 ⑤组织学生评价，教师纠正错误动作。 ⑥组织学生再次练习。	1.在老师的指挥下按要求完成各种水中行走的动作。 ①跟随老师扶池壁行走。 ②与同伴一起手拉手行走。 ③大胆尝试水中独立行走。 2.学习水中换气动作。 ①仔细观察教师的呼吸动作方法。 ②认真跟做无水换气。 ③大胆尝试有水换气练习。 ④积极展示，认真观看同学的动作。 ⑤评一评同学的换气动作好在哪里，并说出理由。 ⑥再次练习。	1 1 1 1 1 5 1 1 4	1 1 1 5 15 30 2 3 30	小 小 小 小 中 大 小 小 中
合作游戏 享受乐趣 6分钟	游戏： 1."钻水线"。 2."打水仗"。	1.讲解"钻水线"游戏的方法和规则并组织学生游戏。 2.讲解"打水仗"游戏的方法和规则并组织学生游戏。 3.组织学生说一说自己的感受。	1.领悟游戏的方法、规则和要求，积极参与游戏。 2.听清规则、注意安全，积极参与游戏。 3.畅谈自己的感受，体验游戏带来的快乐。 组织形式： 学生在各小组长带领下站在水线两侧，按要求进行游戏。	3 2	10 3	中 大

续表

| 稳定情绪 放松身心 3分钟 | 1.在指定区域内散点站立。
2.放松、小结、布置作业。 | 1.带领学生放松练习。
2.与学生一起总结本课。
3.布置作业，师生互道再见。 | 1.随老师完成放松练习，积极调节身心。
2.客观进行自评互评，总结优缺点。
3.师生再见，组长配合老师整理器材。
组织形式：
在指定区域内站立。 | 2 | 1 | 小 |

安全知识技能教育： 在游泳馆内要慢走在防滑垫上，入水前用水冲淋身体。	练习密度预计 约75%	平均心率 120次/分钟	所需场地器材： 游泳池一片。
课外锻炼作业： 1.用脸盆接水练习换气：10次×2组。 2.坐在床上练习蛙泳腿：10次×5组。	课后反思： 　　三年级的学生非常喜欢水，但是很多孩子并没有真正地到游泳池内尝试水中行走，更别谈憋气换气。通过本课学习，很多学生对水的畏惧心理在游戏中慢慢被消除，开始大胆地接触水，能够独立地完成水中行走以及换气练习。但在课中仍有少数同学还不会换气甚至是憋气，因此要求学生回家自主在脸盆中练习，以便在下面的学习中更快地接受水。		

（小学）蛙泳单元教学计划第2课时教案

教学对象：三年级（男生15人；女生15人）

学习目标	1. 逐步适应水的环境，能做出水中漂浮与站立动作。 2. 掌握陆上俯卧蛙泳腿技术，能做出抓池壁漂浮抬头蛙泳腿动作。 3. 克服胆小怕水心理，能在学习过程中体会到游泳的乐趣。					
内容设计	**技能动作规格**：双手伸直低头憋气漂浮、收腿收手站立、收翻蹬夹蛙泳腿技术动作。 **游戏**："踩自行车""抱膝浮体""企鹅赛跑"。		**重点**：漂浮与站立技术。 **难点**：翻脚到位、蹬夹连贯。			
过程/时间	过程内容	教师活动	学生活动	运动负荷		
^^	^^	^^	^^	时间 （分钟）	次数 （次）	强度
师生互动 活跃情绪 5分钟	1. 课堂常规。 2. 热身操：游泳运动专项操。	1. 整队检查学生的服饰。 2. 师生问好，精神饱满。 3. 带领学生学练热身操。	1. 按要求快速集合。 2. 精神饱满，听从指挥。 3. 跟老师完成热身操的模仿练习。 **组织形式**：四列横队，在指定区域内进行。	1	1	中

续表

自主学练 探究实践 25分钟	1.复习仰卧蛙泳腿,学习俯卧蛙泳腿。 2.漂浮与站立。 ①扶池壁漂浮与站立。 ②无支撑漂浮与站立。 ③"踩自行车"游戏。 3.抓池壁抬头蛙泳腿练习。	1.教师口令指挥学生复习陆上蛙泳腿仰卧模仿练习,并个别纠正。	1.在老师的指挥下复习陆上蛙泳腿仰卧练习,边说边做。	1	20	中
		2.示范并组织学生练习陆上俯卧蛙泳腿动作。	2.仔细观察老师动作并认真学练俯卧蛙泳腿的陆上模仿练习。	2	20	中
		3.组织学生趴池边进行半陆半水蛙泳腿练习,教师用手指挥学生练习并个别纠正。	3.趴在池边,在老师的指挥下完成半陆半水蛙泳腿练习,注意动作节奏。	4	30	中
		4.教师示范讲解抓池壁漂浮与站立的动作要领并引导学生练习。	4.认真观看老师动作,扶池壁漂浮与站立。	4	15	大
		5.教师示范水中漂浮与站立的动作,讲出收腿、团身、压手的要点并组织分组学练。	5.听清动作要点,按老师的要求分组学练。	4	15	大
		6.邀请学生展示,组织评价。	6.展示自己的动作,并客观评价同伴的动作。			
		7.讲解示范游戏方法,组织学生2人一组进行游戏。	7.听清游戏规则,积极参与游戏。	1	10	大
		8.指导并帮助学生佩戴背漂,下水站在浅水区。	8.在老师的帮助下佩戴背漂,并站立在浅水区,手扶池壁,注意安全。	1	1	小
		9.讲解示范借助浮力棒抓池壁漂浮抬头做蛙泳腿动作。	9.仔细观看老师示范。			
		10.组织学生两人一组练习抬头蛙泳腿,教师巡视指导。	10.两人一组,互相保护与帮助练习抬头蛙泳腿。	8	50	大
		11.邀请学生展示并组织学生互评。	11.展示自己学到的本领并客观评价同伴的动作。	2	2	小
		12.组织学生独自练习。	12.独自完成抬头蛙泳腿动作。 组织形式:在规定区域内按照要求完成。	4	30	大

78

续表

合作游戏 享受乐趣 7分钟	1. 抱膝浮体。 2. "企鹅赛跑"。	1. 讲解示范抱膝浮体的游戏规则：深吸一口气憋气，双手抱住小腿作团身状，后背浮出水面漂浮三秒并能还原直立者即为成功。 2. 组织学生2人一组进行游戏。 3. 讲解游戏规则：全班分4组进行接力赛，在浅水区面向对岸双脚外翻、脚趾向外、脚后跟着地向前跑动，最先完成的一组即为胜者。 4. 组织学生分四组进行游戏。	1. 听清游戏规则。 2. 两人一组积极参与游戏。 3. 听清游戏规则。 4. 按照老师的分组，团结协作努力完成游戏。 组织形式： 学生两人一组，听指挥，按要求进行练习。	1 3	6 1	中 大
稳定情绪 放松身心 3分钟	1. 成自然队形集合。 2. 放松、小结、布置作业。 3. 起水，归还器材。	1. 组织学生放松练习。 2. 总结点评，归纳小结，布置作业。 3. 组织学生依次起水。	1. 随教师一起放松练习。 2. 与老师开心交流，把自己的体会告诉大家。 3. 依次起水、注意安全。 组织形式： 浅水区靠池壁散点。	1	1	小

续表

安全知识技能教育：在游泳池中严禁打闹、潜水，时刻关注教师的动作及要求。	练习密度预计	平均心率	所需场地器材：背漂41个；浮力棒41块；游泳池一片。
	约92%	125次/分钟	
课外锻炼作业： 1.用水盆练习换气10组×10次。 2.俯卧蛙泳腿动作"收翻蹬夹"10组×10次。		课后反思： 　　学生兴趣盎然地参与了全课的学习，大部分同学能协调地完成水中漂浮与站立的动作，个别同学团身站立掌握不是特别好的情况下，通过游戏"踩自行车"能够让他们顺利地完成站立。学生在蛙泳腿动作的学练过程中能够很好地掌握慢收快蹬的节奏，但是翻脚动作还需要不断提醒。课中，通过引导学生互相帮助、互相提高，多数学生表现出了良好的合作精神和强烈的创新意愿。教学效果明显，预设的目标完成较好。	

（小学）蛙泳单元教学计划第3课时教案

教学对象：三年级（男生15人；女生15人）

学习目标	1. 进一步熟悉水性，提高动作的协调性及水上平衡能力。 2. 掌握蛙泳腿动作要领，能有向前的推进力。 3. 克服怕水心理，积极学练，善于跟同伴合作游戏，养成顽强拼搏的精神。		
内容设计	**技能动作规格**：蛙泳腿部动作、蛙泳呼吸动作、蹬壁滑行—憋气蛙泳腿—站立动作。 **游戏**："推小车""身体造字""潜艇出动"。		**重点**：翻脚和蹬夹水动作。 **难点**：翻脚和蹬夹水动作的路线。

过程/时间	过程内容	教师活动	学生活动	运动负荷		
				时间（分钟）	次数（次）	强度
师生互动 活跃情绪 2分钟	1. 课堂常规。 2. 安全知识教育及下水前的热身。 3. "热身操"。	1. 检查学生的服饰。 2. 宣布本课内容。 3. 示范、领做"热身操"。	1. 快速集合整队。 2. 认真听讲。 3. 模仿、跟做动作。	1 1	1 1	小 中

81

续表

自主学练 探究实践 28分钟	1.蹬壁滑行与站立。 2.复习抓池壁抬头蛙泳腿。 3.抓浮板抬头蛙泳腿。 4."推小车"游戏。 5."蹬壁滑行—憋气蛙泳腿—站立"。	1.示范蹬壁滑行与站立动作,并组织学生分组学练。 2.讲解"潜艇出动"的游戏方法,并组织学生分组游戏。 3.组织并帮助学生戴背漂,抓池壁复习抬头蛙泳腿(借助浮力棒)。 4.邀请同学展示蛙泳腿动作,强调动作节奏:收翻慢,蹬夹快,蹬完并拢腿漂一会。 5.组织学生2人一组练习,相互评价、帮助。 6.示范抓浮板(浮力棒在腋下)抬头蛙泳腿动作,强调翻脚和蹬夹水的路线。 7.统一口令,指挥学生抓浮板抬头蛙泳腿练习,15米往返。 8.组织学生练习蛙泳腿往返到边换气15米×5组,加上10次换气。 9.邀请学生配合示范游戏方法,讲解游戏规则。 10.组织学生分组游戏。 11.示范"蹬壁滑行—憋气蛙泳腿—站立"的动作,提出动作要求:收翻慢,蹬夹快,蹬完双腿并拢漂一会。 12.组织学生2人一组练习,一人保护帮助,另一人做动作。	1.仔细观察老师的动作,认真学练动作。 2.听清游戏规则,积极参与游戏,注意安全。 3.戴好背漂,夹好浮力棒,认真复习抬头蛙泳腿。 4.大胆展示自己的动作。 5.合作练习,积极指出同伴的不足并帮助其改正。 6.仔细观察老师的动作,听清要求。 7.听口令练习。 8.按要求自主练习。 9.主动参与示范,听清游戏规则。 10.积极参与游戏,注意安全。 11.仔细观看老师的示范,听清练习要求。 12.小组合作积极配合,认真完成练习,客观地评价同伴的动作。	3 2 3 2 1 15 2 2	15 10 50 30 15 75 2 10	中 中 大 大 大 大 中

续表

合作游戏 享受乐趣 7分钟	"身体造字"。	1. 讲解示范"身体造字"的游戏方法：游戏者憋气漂浮于水上，用身体摆出汉字、英文字母、数字等造型，全班分若干组，比一比哪一组"造"的字最多，最多的一组为胜者。 2. 组织学生分组游戏，并担任裁判。	1. 仔细听清游戏规则。 2. 找到自己的分组，大胆地说出自己的想法，积极参与游戏。	3	5	中
稳定情绪 放松身心 3分钟	1. 起水集合。 2. 总结本课，布置作业。	1. 引导学生从扶梯依次起水。 2. 对本课进行总结并布置作业。	1. 听老师指挥依次起水。 2. 和老师一起总结本课，帮助归还器材。	1	1	小

安全知识技能教育：学练中按老师要求统一完成练习，同时学练中有主动保护和帮助同伴的意愿。	练习密度预计 约90%	平均心率 130次/分钟	所需场地器材： 背漂41个； 浮力棒41根； 浮板41块； 游泳池一片。

课外锻炼作业： 1. 陆上蛙泳腿部动作练习10次×5组。 2. 用水盆练习换气10次×4组。	课后反思： 　　在蛙泳腿的教学中，最重要的是要学生能"走水"，也就是能有前进的动力，这就要求学生能够翻脚到位，蹬夹的方向要对，要能蹬到水。本课借助"推小车"的游戏来固定学生翻脚的位置，达到了很好的效果，在教师统一口令的情况下，学生能掌握收翻蹬夹的节奏，但是在没有口令的情况下，学生还会出现节奏不好，不走水的情况，下一节课要重点解决此问题。

（小学）蛙泳单元教学计划第4课时教案

教学对象：三年级（男生15人；女生15人）

学习目标	1. 进一步熟悉水性，巩固提高换气技术。 2. 能协调、有节奏地做出蛙泳腿动作，能不间断抬头蹬腿（持浮板戴背漂）游25米。 3. 能积极学练、主动参与游戏，能客观地评价同伴的动作并帮助提高。				
内容设计	**技能动作规格**：收翻慢、蹬夹快、蹬夹后滑行。 **游戏**：夹板换气、"打地鼠"。				**重点**：蛙泳腿与呼吸的配合。 **难点**：腿与呼吸配合连贯协调。	

过程/时间	过程内容	教师活动	学生活动	运动负荷		
				时间（分钟）	次数（次）	强度
师生互动 活跃情绪 3分钟	1. 课堂常规。 2. 游泳专项操。	1. 整队检查学生的服饰。 2. 师生问好，教师引出本课教学内容。 3. 带领学生学练游泳专项操。	1. 学生集合、问好。 2. 注意力集中，精神饱满。 3. 模仿学练专项操。 **组织形式：** 四列横队，在指定区域内进行。	1 1	1 1	小 中

续表

自主学练 探究实践 28分钟	1. 夹板换气游戏。 2. 抬头蛙泳腿练习。 ①抓浮板、戴背漂、夹浮力棒抬头蛙泳腿。 ②抓浮板、戴背漂抬头蛙泳腿。 3. 蹬壁滑行——憋气蹬腿两次—站立。	1. 讲解示范夹板换气的动作要领及游戏规则：学生夹浮板在两大腿中间（三角板尖头朝下），手抓池壁漂浮，做抬头换气动作，能夹住浮板连续换气10次以上者即为胜利。 2. 组织并帮助学生夹住浮板，统一口令，指挥学生开始游戏。 3. 组织学生复习抓浮板、戴背漂、夹浮力棒抬头蛙泳腿。强调翻脚到位，蹬夹用力。 4. 组织学生去掉浮力棒再次进行抬头蛙泳腿动作，强调注意动作节奏，蹬夹后要漂浮。 5. 邀请学生展示动作并组织学生评价。 6. 组织学生再次练习，教师巡回指导。 7. 示范蹬壁滑行——憋气蹬腿两次—站立的动作方法。 8. 组织学生2人一组尝试学练。	1. 听清游戏方法。 2. 夹好浮板听指挥进行游戏。 3. 按要求认真练习动作。 练习量：15米往返×5组+10次夹板换气。 4. 拿掉浮力棒大胆尝试学练。 练习量：25米往返×4组+10次夹板换气。 5. 认真观察同伴的动作并做出客观评价。 6. 再次练习，注意动作节奏。 练习量：25米往返×4组+10次夹板换气。 7. 仔细看清老师示范。 8. 和同伴合作完成练习。	3 6 9 9 2	20 50 80 80 10	中 大 大 大 中

泳池游戏
舒展儿童自由生命 >>

续表

合作游戏 享受乐趣 7分钟	"打地鼠"。	1. 讲解"打地鼠"游戏的方法：游戏者4～6人一组，手拉手围成圆形，教练站在圆中间手持浮板，发令后所有游戏者下蹲将头没入水中，游戏者可以上来换气，但是要在教练背对自己或者用浮板敲击自己之前完成。被打到的"地鼠"自动换成敲锤的人。 2. 组织学生分组游戏。	1. 仔细听清游戏方法。 2. 积极参与游戏，注意安全。	3	2	中
稳定情绪 放松身心 2分钟	1. 起水集合。 2. 总结本课，布置作业。	1. 带领学生池边放松。 2. 对学生本节课的表现作出评价。 3. 师生互道再见，布置学生收器材。	1. 完成放松练习，积极调节身心。 2. 围绕运动过程中的问题大胆交流、讨论，合理评价。 3. 各小组长积极协助老师收还器材。	1	1	小

安全知识技能教育： 学练中注重有序练习，加强安全意识，学练时注意避让，避免意外发生，能主动与同伴协作完成学练。	练习密度预计 约87%	平均心率 130次/分种	所需场地器材： 背漂41个； 浮板41块； 浮力棒41个； 游泳池一片。

课外锻炼作业：
1. 陆上蛙泳腿动作练习10次×5组。
2. 用水盆练习换气10次×4组。

课后反思：
　　通过不断的强化练习，固定学生蛙泳腿的收翻、蹬夹的方向，让学生找到"走水"的感觉，课中不断提醒学生注意动作节奏，要求他们边做边说。这一练习与"打地鼠"和夹板换气的游戏结合，帮助学生强化练习换气技术，为下一节课蛙泳腿和呼吸的配合打下了良好基础。

（小学）蛙泳单元教学计划第5课时教案

教学对象：三年级（男生15人；女生15人）

学习目标	1. 知道蛙泳腿与呼吸配合的节奏。 2. 能做出两次蛙泳腿一次换气的配合动作。 3. 敢于展示自己的动作并能对同伴的动作做出客观评价。				
内容设计	**技能动作规格**：蛙泳腿动作、两次蹬腿一次换气。 **游戏**："石头、剪刀、布""开火车""顶牛"		**重点**：蛙泳腿与呼吸的配合。 **难点**：蛙泳腿与呼吸配合连贯协调。		
过程／时间	过程内容	教师活动	学生活动	运动负荷		
^^	^^	^^	^^	时间 （分钟）	次数 （次）	强度
师生互动 活跃情绪 4分钟	1. 课堂常规。 2. 热身操。	1. 体育委员整队，检查学生的服饰。 2. 师生问好，精神饱满。 3. 带领学生学练热身操。 4. 宣布本课内容及要求。	1. 积极参与，精神饱满。 2. 仔细观看老师示范，模仿老师动作。 3. 跟做热身操的练习。 4. 领悟本节课的任务和要求。 **组织形式**： 四列横队，在指定的区域内进行。	1 1	1 1	小 中

续表

自主学练 探究实践 27分钟	1.复习蛙泳腿及换气动作。2.游戏"开火车"。3.蛙泳腿与呼吸的配合。	1.组织学生戴背漂下水，分配泳道。2.组织学生复习蛙泳腿及换气动作（25米往返×2组+10次换气）。3.教师巡回指导，个别纠错。	1.戴背漂在老师的指挥下进入自己的泳道。2.认真复习蛙泳腿和换气练习。3.积极优化动作，努力做到更好。	5	50	大
		4.组织学生脱下背漂再次练习蛙泳腿动作（25米往返×2组+10次换气）。	4.脱下背漂，按照老师的要求再次练习。	5	60	大
		5.组织学生复习夹板换气的动作。6.讲解"开火车"游戏的方法：在浅水区进行游戏，6～8人一组，A为"火车头"负责拖带，A双手拉住B的手，B夹浮板俯卧漂浮于水上，C双手抓住B的脚踝，依次向后接龙，A将"火车"开到对岸即为成功。	5.认真复习夹板换气的动作。6.听清游戏方法。	1	15	中
		7.组织学生分组游戏。	7.小组合作，积极参与游戏。	2	30	中
		8.讲解、示范抓池壁两次蹬腿一次换气的动作。	8.仔细观察老师的动作，听清动作要求。	2	20	中
		9.组织学生2人一组抓池壁尝试练习。	9.与同伴配合完成练习。			
		10.讲解、示范抓浮板蹬两次腿抬头换一次气的动作。	10.认真听、仔细看老师讲解、示范。	8	80	大
		11.组织学生尝试练习，教师巡回指导、个别纠错。	11.认真完成学练。			
		12.邀请学生展示自己的动作，并组织评价。13.组织学生再次练习。	12.大胆展示自己的动作，客观评价同伴的动作。13.再次练习。	5	60	大

88

续表

合作游戏 享受乐趣 7分钟	1."石头、剪刀、布"。 2."顶牛"。	1.讲解游戏"石头、剪刀、布"方法：游戏者2～3人一组，单手扶池壁面对面站立，自主发令同时潜到水下用手进行"石头、剪刀、布"的游戏，获胜者立即出水，其他人等获胜者出水后方可站出出水。 2.组织学生分组游戏。 3.讲解游戏"顶牛"方法：两人一组，面对面双手与同伴五指交叉站立于浅水区，听到"开始"口令后同时俯卧漂浮并用力蹬蛙泳腿将同伴向前推进，先将同伴推出其身后的标志处即为胜者。 4.组织学生进行游戏。	1.听清游戏方法。 2.与同伴合作参与游戏。 3.听清游戏方法。 4.与同伴合作参与游戏。	2 2	10 30	中 大
稳定情绪 放松身心 2分钟	1.起水集合。 2.放松、小结。	1.组织学生起水集合。 2.与学生一起放松。 3.小结本课，师生互道再见，布置学生收拾器材。	1.有序起水。 2.跟着老师放松身心。 3.师生互道再见，小组组长配合老师整理器材。	1	1	小

续表

安全知识技能教育： *学练中能安全有序参与练习，服从指挥，并能在学练中做到认真学练，遵守纪律，团结协作。*	练习密度预计 约 87%	平均心率 135 次 / 分钟	所需场地器材： 游泳池一片； 浮板 41 块； 背漂 41 个。
课外锻炼作业： 1. 陆上俯卧蛙泳腿模仿练习。 2. 陆上俯卧 2 次蛙泳腿 +1 次换气练习。		课后反思： 　　本课师生共同参与，在活动和游戏中促进师生情感交流和沟通，学生能主动愉快地完成学练任务。课中教学评价时采用了师生互评、学生自评、学生互评等方式对学生个人及小组进行评价，促进了学生个体和总体发展的统一。	

（小学）蛙泳单元教学计划第6课时教案

教学对象：三年级（男生15人；女生15人）

学习目标	1. 进一步强化蛙泳腿与呼吸的配合，能做出一次蹬腿一次换气的配合。 2. 在25米往返蛙泳腿与呼吸的配合练习中提高耐力和协调能力。 3. 积极地参与学习过程，在长距离蹬腿练习中表现出能吃苦的优良品质，在游戏中能获得成功的喜悦。				
内容设计	**技能动作规格**：蛙泳腿动作、蛙泳腿与呼吸的配合。 **游戏**：反蛙泳腿、蛙泳腿接力赛。				**重点**：蛙泳腿与呼吸的配合。 **难点**：一次蹬腿一次换气的协调配合。

过程/时间	过程内容	教师活动	学生活动	运动负荷		
^^^	^^^	^^^	^^^	时间 （分钟）	次数 （次）	强度
师生互动 活跃情绪 5分钟	1. 课堂常规。 2. 热身操。	1. 体育委员整队，检查学生的服饰。 2. 师生问好，精神饱满。 3. 带领学生学练热身操。 4. 宣布本课内容及要求。	1. 积极参与，精神饱满。 2. 仔细观看老师示范，模仿老师动作。 3. 跟做热身操的练习。 4. 领悟本节课的任务和要求。	1 1	1 1	小 中

续表

自主学练 探究实践 27分钟	1. 复习2次蹬腿，1次换气练习。 2. 游戏"反蛙泳腿"。	1. 组织学生复习2次蹬腿1次换气的配合练习。 2. 讲解、示范反蛙泳腿的动作方法：游戏者手臂伸直抱住浮板贴于小腹，背对出发方向向后平躺于水面，做蛙泳腿收、翻、蹬、夹动作，到达15米终点即为成功。	1. 认真复习2次蹬腿1次换气的配合。 2. 仔细观看老师示范、听清游戏方法。	6	50	大
	3. 蛙泳腿与呼吸的配合（1次蹬腿+1次换气）。	3. 组织学生进行尝试练习。 4. 示范1次蹬腿1次换气动作。	3. 大胆尝试练习。 4. 认真看老师示范。	3	40	中
		5. 组织学生尝试练习。 6. 邀请学生展示动作并组织评价。	5. 积极尝试练习。 6. 勇敢地展示自己的动作，并能对同伴的动作进行客观评价。	10	100	大
		7. 组织学生再次练习。	7. 再次练习。	8	80	大
合作游戏 享受乐趣 6分钟	蛙泳腿接力赛。	1. 讲解游戏"蛙泳腿接力赛"方法：全班分成人数相同的4组进行接力比赛，用抓浮板蹬蛙泳腿的动作向前游进，到达15米的距离，最先完成的一组即为胜者。 2. 组织学生进行游戏。	1. 听清游戏方法。 2. 与同伴合作参与游戏。	3	10	中

续表

稳定情绪 放松身心 2分钟	1. 起水集合。 2. 放松、小结。	1. 组织学生起水集合。 2. 与学生一起放松。 3. 小结本课，师生互道再见，布置学生收拾器材。	1. 有序起水。 2. 跟着老师放松身心。 3. 师生互道再见，小组组长配合老师整理器材。	1	1	小

安全知识技能教育： 学练中能安全有序参与练习，服从指挥，并能在学练中做到认真学练，遵守纪律，团结协作。	练习密度预计 约82%	平均心率 135次/分钟	所需场地器材： 游泳池一片； 浮板41块。

课外锻炼作业： 1. 陆上俯卧蛙泳腿模仿练习。 2. 陆上俯卧1次蛙泳腿+1次换气练习。	课后反思： 本课通过2次蹬腿+1次换气的复习向1次蹬腿+1次换气的练习循序渐进，学生能很好地掌握蛙泳腿与呼吸的配合，大部分同学通过本课能完成25米的距离。最后的蛙泳腿接力游戏不仅提高了学生的练习兴趣，更进一步巩固提高了学生蹬腿效果。课中发现还有一些同学在抬头换气时出现下沉现象，主要是因为换气时身体紧张造成，对此，我借助背漂来解决，先是2片背漂，而后变成1片，最后完全去掉，效果明显。

（小学）蛙泳单元教学计划第7课时教案

教学对象：三年级（男生15人；女生15人）

学习目标	1. 知道蛙泳手部动作的划水路线，知道划水的时候抬头换气。 2. 能做出蛙泳手部动作，50%的学生划手时能抬头换到气。 3. 在游戏中能够团结协作，勇敢顽强。						
内容设计	**技能动作规格**：蛙泳腿与呼吸的配合；蛙泳手：划、收、伸、停；蛙泳手与呼吸的配合：划手抬头吸气、伸手低头吐气。 **游戏**：夹板蛙泳手、"织网捕鱼"。		**重点**：蛙泳手臂动作。				
^	^		**难点**：蛙泳手与呼吸的协调配合，顺利换到气。				
过程/时间	过程内容	教师活动	学生活动	运动负荷		
^	^	^	^	时间（分钟）	次数（次）	强度
师生互动 活跃情绪 4分钟	1. 课堂常规。 2. 游泳专项操。	1. 整队检查学生的服饰。 2. 指定集合地点，向学生问好。 3. 领做游泳专项操。 4. 宣布本课学练内容。	1. 体育委员整队集合，精神饱满。 2. 向老师问好。 3. 随老师认真做游泳专项操。 4. 了解将要完成的任务。 **组织形式：** 四列横队，在指定区域内进行。	1 1	1 1	小 中

94

续表

自主学练 探究实践 28分钟	1.学习蛙泳手陆上模仿练习。2.复习蛙泳腿与呼吸的配合。3.夹板蛙泳手。4.学习蛙泳手与呼吸的配合。	1.讲解示范陆上蛙泳手的分解练习：划、收、伸、停。2.口令指挥、领做蛙泳手分解动作。	1.仔细观察老师的示范。2.听指挥练习。	2	30	中
		3.示范、领做蛙泳手完整动作：划收、伸停。4.组织学生两人一组练习陆上蛙泳手完整动作，教师巡回指导。	3.仔细观看老师示范。4.与同伴合作认真学练动作。	2	30	大
		5.组织学生下水，分配泳道。	5.在老师指挥下依次进入自己的练习区域。	1	1	小
		6.组织学生复习蛙泳腿与呼吸的配合，教师巡回指导。	6.积极参与蛙泳腿与呼吸的配合练习。	6	50	大
		7.讲解示范夹板蛙泳手动作。	7.仔细观看示范。	4	40	大
		8.组织学生练习。9.邀请学生展示并组织评价。10.组织学生再次练习。	8.积极参与练习。9.认真看同伴展示，客观评价同伴的动作。10.再次练习。	5	50	大
		11.讲解示范站在水中身体前倾，蛙泳手与呼吸的配合（划收时抬头吸气，伸手低头吐气）。12.组织学生两人一组尝试练习。13.讲解示范移动划手抬头吸气，伸手低头吐气向前走三步。	11.看清老师示范，听清动作要求。12.与同伴合作、相互帮助完成练习。13.看清老师示范。	2	30	中
		14.组织学生尝试练习。15.讲解示范蛙泳手与呼吸的完整配合。	14.积极参与练习。15.观看老师示范。	2	30	大
		16.组织学生尝试练习。	16.大胆尝试练习。	4	50	大

续表

合作游戏 享受乐趣 5分钟	"织网捕鱼"。	1.讲解"织网捕鱼"的游戏方法：一名游戏者作为"渔网"，其他游戏者为"鱼"，教练指定固定的浅水区为游戏区域，游戏开始后"渔网"就开始捕鱼，被抓到的"鱼"自动变为"渔网"，"渔网"越来越大，在规定时间内未被捕捉的"鱼"为胜者。 2.组织学生进行游戏，提醒学生注意安全，评价小结。	1.明确游戏的方法。 2.参与游戏，相互鼓励，畅谈自己的感受，体验合作带来的快乐。	4	4	大
稳定情绪 放松身心 3分钟	1.起水集合。 2.放松、小结。	1.组织学生起水集合。 2.坐在浮板上放松总结。 3.向学生渗透终身锻炼的思想，布置学生收拾器材，师生互道再见。	1.按要求依次起水。 2.随老师一起放松并对自己及同伴进行客观评价。 3.师生道别，组长配合老师整理器材。	1	1	小

安全知识技能教育：学练中充分做好准备活动，严格听从指挥，按老师要求统一完成练习，同时游戏时严格按要求完成各项动作，规避危险动作。	练习密度预计 约87%	平均心率 130次/分钟	所需场地器材： 浮板41块； 游泳池一片。

课外锻炼作业： 1.陆上蛙泳完整动作模仿练习20次。 2.教爸爸妈妈陆上蛙泳腿动作。	课后反思： 　　教学中注重了师生的互动，师生、生生之间通过真诚的对话，形成了一个真正的"学习共同体"，课堂教学充满无限活力。学生学有所得，学有所获，寓学于乐。

（小学）蛙泳单元教学计划第 8 课时教案

教学对象：三年级（男生 15 人；女生 15 人）

学习目标	1. 进一步练习蛙泳腿与呼吸的配合以及蛙泳手与呼吸的配合。 2. 能做出蛙泳手与呼吸的配合技术动作。 3. 养成敢于纠错和坚韧不拔的意志品质。						
内容设计	**技能动作规格**：划手抬头吸气、伸手低头吐气。			**重点**：划手时抬头吸气。			
	游戏：夹板划手、"水下冲浪"。			**难点**：手臂与头的协调配合。			

过程/时间	过程内容	教师活动	学生活动	运动负荷		
				时间 （分钟）	次数 （次）	强度
师生互动 活跃情绪 3分钟	1. 课堂常规。 2. 游泳专项操。	1. 整队检查学生的服饰。 2. 指定集合地点，向学生问好。 3. 领做游泳专项操。 4. 宣布本课学练内容。	1. 体育委员整队集合，精神饱满。 2. 向老师问好。 3. 随老师认真做游泳专项操。 4. 了解要完成的任务。	1 1	1 1	小 中

续表

自主学练 探究实践 25分钟	1.复习蛙泳腿与呼吸的配合。	1.组织学生下水，分配泳道。	1.按要求下水，到指定的泳道准备练习。	1	1	小
	2.蛙泳手练习。	2.组织学生进行蛙泳腿与呼吸的配合练习。	2.认真进行蛙泳腿与呼吸的配合练习。	3	50	大
	3.蛙泳手与呼吸的配合。	3.组织学生2人一组靠墙站立，练习蛙泳手臂动作，要求相互评价并帮助。	3.2人一组配合完成蛙泳手模仿练习。	2	20	小
	4.拓展延伸。	4.组织学生夹板划手练习。	4.按要求认真完成夹板划手练习。	5	40	大
		5.组织学生站在水中原地练习蛙泳手与呼吸的配合。	5.按要求进行原地练习。	2	30	中
		6.口令指挥学生水中行走进行蛙泳手与呼吸的练习。	6.根据老师口令完成练习。	2	20	中
		7.组织学生借助浮力棒进行蛙泳手与呼吸的配合完整练习。	7.积极参与练习。	6	60	大
		8.组织学生尝试漂浮后蛙泳手与呼吸的配合完整练习。	8.大胆尝试动作。	4	30	大
		9.邀请学生展示，并组织评价。	9.积极展示动作并对同伴的动作做出客观评价。			
		10.示范划手抬头换气后蹬两次腿动作。	10.看清老师示范。	2	10	大
		11.组织学生尝试动作。	11.大胆尝试练习。			

续表

合作游戏 享受乐趣 9分钟	1."水下冲浪"。 2."水中吊床"。	1. 讲解、示范"水下冲浪"游戏的方法：游戏者将浮板踩于脚下，双手在身体两侧划水控制平衡，模仿冲浪的动作，尝试能否前行。能成功站立10秒者即为成功。 2. 组织学生自主游戏。 3. 讲解游戏"水中吊床"游戏的方法：游戏者自由散点在浅水区，骑跨在浮力棒上向后平躺，将浮力棒当作"吊床"躺在上面，成功平躺并控制平衡30秒即为成功。 4. 组织学生自主游戏。	1. 听清游戏方法。 2. 积极参与游戏、注意安全。 3. 听清游戏要求。 4. 积极参与游戏。	2 2	10 10	中 小
稳定情绪 放松身心 3分钟	1. 起水集合。 2. 放松、小结。	1. 组织学生起水集合。 2. 坐在浮板上放松总结。 3. 向学生渗透终身锻炼的思想，布置学生收拾器材，师生互道再见。	1. 按要求依次起水。 2. 随老师一起放松并对自己及同伴进行客观评价。 3. 师生道别，组长配合老师整理器材。	2	1	小

续表

安全知识技能教育: 练习中注意控制好自己与同伴的安全距离，不要离开自己的训练泳道。	练习密度预计 约 90%	平均心率 130 次 / 分钟	所需场地器材: 浮板 41 块； 浮力棒 41 根； 游泳池一片。
课外锻炼作业: 1. 和爸爸妈妈一起到游泳池游泳，向他们展示自己所学的本领。 2. 教爸爸妈妈水中换气动作。	课后反思: 教学中注重了师生的互动，师生、生生之间通过真诚的对话，形成了一个真正的"学习共同体"，课堂教学充满无限活力。学生学有所得，学有所获，寓学于乐。		

（小学）蛙泳单元教学计划第 9 课时教案

教学对象：三年级（男生 15 人；女生 15 人）

学习目标	1. 进一步练习蛙泳腿与呼吸的配合以及蛙泳手与呼吸的配合。 2. 掌握蛙泳完整技术动作。 3. 积极参与游戏，在游戏中体验水带来的乐趣。						
内容设计	**技能动作规格**：两次蹬腿一次划手换气、一次蹬腿一次划手换气。 **游戏**："鲤鱼跳龙门"、运送浮板接力。			**重点**：蛙泳完整配合。 **难点**：手、脚、呼吸的协调配合。			
过程/时间	过程内容	教师活动	学生活动	运动负荷		
^^	^^	^^	^^	时间 (分钟)	次数 (次)	强度
师生互动 活跃情绪 3 分钟	1. 课堂常规。 2. 游泳专项操。	1. 整队检查学生的服饰。 2. 指定集合地点，向学生问好。 3. 领做游泳专项操。 4. 宣布本课学练内容。	1. 体育委员整队集合，精神饱满。 2. 向老师问好。 3. 随老师认真做游泳专项操。 4. 了解要完成的任务。	1 1	1 1	小 中

101

泳池游戏
舒展儿童自由生命 >>

续表

自主学练 探究实践 25分钟	1.陆上模仿蛙泳完整配合。	1.示范蛙泳完整配合的陆上模仿动作：划手腿不动，收手再收腿，先伸胳膊后蹬腿，手脚伸直漂一会。	1.看清老师示范。		
	2.蛙泳腿与呼吸的配合练习。	2.领做陆上模仿练习。	2.跟随老师的动作一起模仿练习。	2	20	中
		3.口令指挥学生练习。	3.听指挥练习。			
	3.蛙泳手与呼吸的完整配合练习。	4.组织学生下水，分配泳道。	4.按老师要求进入自己的泳道。			
		5.组织学生复习蛙泳腿与呼吸的配合（25米往返×4组）。	5.认真参与练习。	2	20	中
	4.游戏"鲤鱼跳龙门"。	6.组织学生借助浮力棒完成蛙泳手与呼吸的完整配合练习（25米往返×2组）。	6.积极进行蛙泳手与呼吸的配合练习。	4	50	大
	5.蛙泳完整配合。	7.讲解示范"鲤鱼跳龙门"的游戏方法：3人一组，两名游戏者左手相握，面对面站立于浅水区，手臂稍低于水面，另一名游戏者从手臂上鱼跃过去并站立，交替进行，完成动作即为成功。	7.看清游戏方法。	4	50	大
		8.组织学生分组游戏，教师保护帮助有困难的学生。	8.小组合作完成游戏。			
		9.借助浮力棒示范2次蹬腿+1次划手换气的完整配合。	9.仔细观察老师的示范动作。	3	5	中
		10.组织学生练习。	10.自主尝试练习。	3	50	大
		11.组织学生尝试不用浮力棒进行2次蹬腿+1次划手换气的完整配合，教师指导。	11.大胆尝试。			
		12.邀请学生展示自己的动作并组织评价。	12.仔细观察同伴的动作并积极发言。	3	50	大
		13.组织学生再次练习。	13.再次练习。	3	30	大
		14.示范1次蹬腿+1次划手换气的完整蛙泳配合。	14.观看老师的示范动作。			
		15.组织学生尝试练习，对有困难的学生进行帮助。	15.积极参与练习。	3	30	大
		16.鼓励学生积极练习，增长泳距。	16.勇于突破自我。	2	20	大

102

合作游戏 享受乐趣 9分钟	"水中运输队"。	1. 讲解游戏方法：游戏者三人一组，利用三根浮力棒自由选择一种组合方式将浮力棒变成"运输船"，A坐在"运输船"上，游戏开始后B和C迅速将运输船推向对岸，最先到达的一组为胜者。 2. 组织学生分组游戏，充当裁判。	1. 看清游戏方法。 2. 小组合作开动脑筋，努力完成游戏。	3	5	中
稳定情绪 放松身心 3分钟	1. 起水集合。 2. 放松、小结。	1. 组织学生起水集合。 2. 坐在浮板上放松总结。 3. 向学生渗透终身锻炼的思想，布置学生收拾器材，师生互道再见。	1. 按要求依次起水。 2. 随老师一起放松并对自己及同伴进行客观评价。 3. 师生道别，组长配合老师整理器材。	1	1	小
安全知识技能教育： 练习中注意控制好自己与同伴的安全距离，不要离开自己的训练泳道。	练习密度预计 约87%		平均心率 135次/分钟	所需场地器材： 浮板41块； 游泳池一片； 浮力棒41根。		
课外锻炼作业： 1. 蛙泳完整配合模仿练习20次×2组。 2. 仰卧起坐30次×2组。			课后反思： 　　通过练习，80%的学生能掌握蛙泳"2+1配合"，少数学生动作还不够协调。			

（小学）蛙泳单元教学计划第 10 课时教案

教学对象：三年级（男生 15 人；女生 15 人）

学习目标	1. 巩固蛙泳腿技术动作，增强蹬水效果。 2. 掌握完整的蛙泳动作，增长泳距，80% 学生能游完 15 米距离。 3. 积极参与游戏，在游戏中体验水带来的乐趣。					
内容设计	**技能动作规格**：一次蹬腿一次划手换气、水下前滚翻。			**重点**：蛙泳完整配合。		
^	**游戏**：水下翻跟头、"运送队友"。			**难点**：全身协调，增长泳距。		
过程/时间	过程内容	教师活动	学生活动	运动负荷		
^	^	^	^	时间（分钟）	次数（次）	强度
师生互动 活跃情绪 3 分钟	1. 课堂常规。 2. 游泳专项操。	1. 整队检查学生的服饰。 2. 指定集合地点，向学生问好。 3. 领做游泳专项操。	1. 整队集合，精神饱满。 2. 向老师问好。 3. 随老师认真做游泳专项操。	1 1	1 1	小 中

续表

自主学练 探究实践 25分钟	1.巩固提高蛙泳腿蹬水效果练习。 2.蛙泳配合练习（2次蹬腿+1次划手换气）。 3.游戏：水下翻跟头。 4.蛙泳完整配合练习（1次蹬腿+1次划手换气）。	1.组织学生复习蛙泳腿与呼吸的配合练习，1次蹬腿+1次换气（25米往返×4组）。 2.组织学生练习"2+1"蛙泳配合练习，对有困难的学生进行帮助，可采用浮力棒帮助练习。 3.邀请学生展示并组织评价。 4.讲解、找学生帮助示范水下翻跟头的游戏方法：教练单膝跪在浅水区，游戏者双脚踩在教练左腿大腿上（左腿为例），闭气做团身低头动作，教练一只手扶游戏者小腿，另一只手扶脖子让游戏者向前做前滚翻，能够完成动作即为成功，能够独立完成一次前滚翻的同学为优胜者。 5.组织并帮助学生完成游戏。 6.示范蛙泳完整配合动作。 7.组织学生练习。 8.帮助有困难的学生完成练习。 9.语言激励学生增长泳距、再次练习。	1.看清老师示范。 2.认真练习。 3.大胆展示自己的动作并对同伴的动作客观评价。 4.听清游戏方法。 5.积极参与游戏，争做优胜者。 6.仔细观看老师示范。 7.积极参与练习。 8.主动帮助同学。 9.努力增长自己的游距。	5 1 6 8 8	4 1 20 4 4	大 小 中 大 大

续表

合作游戏 享受乐趣 9分钟	"运送队友"。	1. 讲解游戏方法：A手持浮板，双腿夹浮板面向浅水区对岸，B抓住A双脚脚踝，用蛙泳腿技术将队友推向对岸，可多次蹬腿配合一次抬头换气，到达后迅速交换角色，最先返回的一组为胜者。 2. 组织学生分组游戏，充当裁判。	1. 看清游戏方法。 2. 小组合作努力完成游戏。	3	5	中
稳定情绪 放松身心 3分钟	1. 起水集合。 2. 放松、小结。	1. 组织学生起水集合。 2. 坐在浮板上放松总结。 3. 向学生渗透终身锻炼的思想，布置学生收拾器材，师生互道再见。	1. 按要求依次起水。 2. 随老师一起放松并对自己及同伴进行客观评价。 3. 师生道别，组长配合老师整理器材。	1	1	小

安全知识技能教育： 知道泳道线内循环游进，即靠右行进、注意安全。	练习密度预计 约85%	平均心率 135次/分钟	所需场地器材： 浮板41块； 游泳池一片； 浮力棒41根。

课外锻炼作业 1. 蛙泳完整配合模仿练习30次×2组。 2. 俯卧撑10次×2组。	课后反思： 　　多数同学能掌握"1+1"配合动作，部分学生还有困难。

（小学）蛙泳单元教学计划第 11 课时教案

教学对象：三年级（男生 15 人；女生 15 人）

<table>
<tr>
<td>学习目标</td>
<td colspan="5">1. 巩固蛙泳腿技术动作，提高蹬水效果。
2. 掌握完整的蛙泳动作，增长泳距，80%学生能游完 25 米距离。
3. 积极参与游戏，在游戏中体验水带来的乐趣。</td>
</tr>
<tr>
<td>内容设计</td>
<td colspan="3">技能动作规格：蛙泳转身技术、蛙泳出发技术、1 次蹬腿 1 次划手换气。
游戏："青蛙跳水"、蛙泳接力赛。</td>
<td colspan="2">重点：蛙泳完整配合。

难点：连续游完 25 米。</td>
</tr>
<tr>
<td rowspan="2">过程／时间</td>
<td rowspan="2">过程内容</td>
<td rowspan="2">教师活动</td>
<td rowspan="2">学生活动</td>
<td colspan="3">运动负荷</td>
</tr>
<tr>
<td>时间
（分钟）</td>
<td>次数
（次）</td>
<td>强度</td>
</tr>
<tr>
<td>师生互动
活跃情绪
3 分钟</td>
<td>1. 课堂常规。

2. 游泳专项操。</td>
<td>1. 整队检查学生的服饰。
2. 指定集合地点，向学生问好。
3. 领做游泳专项操。
4. 宣布本课学练内容。</td>
<td>1. 体育委员整队集合，精神饱满。
2. 向老师问好。

3. 随老师认真做游泳专项操。
4. 了解要完成的任务。</td>
<td>1

1</td>
<td>1

1</td>
<td>小

中</td>
</tr>
</table>

自主学练 探究实践 25分钟	1. 蛙泳腿与呼吸的配合练习。 2. 蛙泳完整配合。 3. 蛙泳转身技术。 4. 蛙泳完整练习不间断游。	1. 组织学生下水，分配泳道。 2. 组织学生复习蛙泳腿与呼吸的配合（25米往返×4组）。 3. 组织学生15米往返蛙泳完整配合练习（"1+1"配合动作）。 4. 邀请学生展示，并组织评价。 5. 总结蛙泳完整练习。 6. 讲解、示范蛙泳转身动作。 7. 组织学生两人一组相互配合分解练习。 8. 组织学生独立练习蛙泳转身技术。 9. 组织学生利用学会的转身技术再次练习蛙泳完整动作，提醒学生尽量做到不间断游。 10. 巡回指导，语言激励学生。 11. 邀请学生展示并组织评价。 12. 总结评价。	1. 按要求下水，进入自己的练习泳道。 2. 认真参与练习。 3. 积极参与练习。 4. 大胆展示自己的动作，并对同伴的动作客观评价。 5. 和老师一起小结。 6. 看清老师示范。 7. 与同伴合作，互相帮助，完成练习。 8. 自主尝试。 9. 努力参与练习。 10. 乐于展示自己的动作，大胆地评价同伴的动作。 11. 听老师总结。	5 8 1 2 2 8 1	4 8 1 15 20 8 1	大 大 小 中 中 大 小

续表

合作游戏 享受乐趣 10分钟	1. 青蛙跳水。 2. 蛙泳接力赛。	1. 讲解"青蛙跳水"的游戏方法：游戏者蹲在浅水区岸边，教练将浮力棒首尾相接做成一个圆形，游戏者模仿青蛙跳水的样子跳入圈内，成功跳进圈的即为成功。 2. 组织并参与游戏。 3. 讲解蛙泳接力赛的游戏规则：全班分为人数相等的四组进行接力比赛，比赛在15米的距离内进行，采用标准的蛙泳游进，到达对岸与同伴击掌，同伴方可出发，最后一名游戏者到达终点则完成比赛，最先完成的一组为胜者。 4. 组织学生分组游戏，教练充当裁判。	1. 看清游戏方法。 2. 勇敢地完成游戏。 3. 听清比赛规则。 4. 小组合作，努力完成比赛。	2 2	4 2	中 大
稳定情绪 放松身心 2分钟	1. 起水集合。 2. 放松、小结。	1. 组织学生起水集合。 2. 坐在浮板上放松总结。 3. 向学生渗透终身锻炼的思想，布置学生收拾器材，师生互道再见。	1. 按要求依次起水。 2. 随老师一起放松并对自己及同伴进行客观评价。 3. 师生道别，组长配合老师整理器材。	1	1	小

续表

安全知识技能教育： 蛙泳出发时在水下只能做一次长划臂动作。蛙泳到边时必须双手同时触壁。	练习密度预计 约 85%	平均心率 135 次 / 分钟	所需场地器材： 浮板 41 块； 游泳池一片； 浮力棒 41 根。
课外锻炼作业： 1. 蛙泳转身模仿练习 15 次 ×2 组。 2. 立卧撑 15 次 ×2 组。		课后反思： 　　95% 的同学能做出蛙泳蹬壁出发技术，但是对于跳出发技术掌握起来有一定难度。	

（小学）蛙泳单元教学计划第12课时教案

教学对象：三年级（男生15人；女生15人）

学习目标	1. 巩固提高蛙泳完整配合技术，增长泳距。 2. 掌握蛙泳出发技术。 3. 与同伴团结协作参与游戏，能在游戏中体验水带来的乐趣。					
内容设计	**技能动作规格**：蛙泳完整动作、蛙泳出发技术。 **游戏**：夹板仰卧"摩水"游进、"双人蛙泳"。			**重点**：考核。 **难点**：正确面对考核、独立游完25米。		
过程/时间	过程内容	教师活动	学生活动	运动负荷		
^^^	^^^	^^^	^^^	时间 （分钟）	次数 （次）	强度
师生互动 活跃情绪 3分钟	1. 课堂常规。 2. 游泳专项操。	1. 整队检查学生的服饰。 2. 指定集合地点，向学生问好。 3. 领做游泳专项操。 4. 宣布本课学练内容。	1. 体育委员整队集合，精神饱满。 2. 向老师问好。 3. 随老师认真做游泳专项操。 4. 了解要完成的任务。	1 2	1 4	小 中
自主学练 探究实践 10分钟	1. 自主练习蛙泳1+1完整配合。 2. 蛙泳出发技术。	1. 组织学生下水并分配泳道。 2. 组织学生在规定的泳道内自主练习蛙泳完整配合。 3. 讲解、示范蛙泳出发技术。 4. 组织学生2人一组完成学练。 5. 邀请学生展示，组织评价。 6. 组织学生再次练习。	1. 按要求下水，到指定的泳道。 2. 积极参与练习。 3. 看清老师示范、听清要求。 4. 与同伴合作完成学练。 5. 大胆展示、客观评价。 6. 独立完成练习。	1 5 3 3	1 4 10 15	小 大 中 中

111

续表

单元考核 17分钟	蛙泳考核。	1. 组织学生整队，宣布组别及所在泳道。 2. 组织考核。	1. 听清自己的组别及道次，按要求排队等候考试。 2. 认真对待考核，遵守纪律，为同伴加油。	1 3	1 1	小 大
合作游戏 享受乐趣 7分钟	1. 夹板仰卧"摩水"游进。 2. "双人蛙泳"。	1. 讲解示范夹板仰卧"摩水"游进的方法：游戏者将浮板夹在两大腿之间，向后仰浮，双脚对准前进方向，两手在身体两侧匀速向内一次、向外一次划水，让自己朝着脚的方向游进，能成功游进5米者即为成功。 2. 组织并帮助学生进行游戏。 3. 讲解"双人蛙泳"游戏的方法：两人一组，A双腿夹浮板向前俯卧漂浮，B双手抓住A的脚踝，两人合作蛙泳游进，A做蛙泳手与换气的动作，B做蛙泳腿与换气的动作，能成功游进15米即成功。 4. 组织学生两人一组进行游戏。	1. 听清游戏方法。 2. 积极参与游戏，大胆说出自己的感受。 3. 听清游戏方法。 4. 与同伴合作完成游戏。	3 3	2 2	小 中

112

续表

稳定情绪 放松身心 3分钟	1. 起水集合。 2. 放松、小结。	1. 组织学生起水集合。 2. 坐在浮板上放松总结。 3. 向学生渗透终身锻炼的思想，布置学生收拾器材，师生互道再见。	1. 按要求依次起水。 2. 随老师一起放松并对自己及同伴进行客观评价。 3. 师生道别，组长配合老师整理器材。 组织形式： 自由分散在圆圈内站立。	2	1	小

安全知识技能教育： 考核过程中只要自己尽力就好，不要过分逞强，安全第一。	练习密度预计 约 68%	平均心率 125 次/分钟	所需场地器材： 浮板 41 块； 游泳池一片。

课外锻炼作业： 1. 和爸爸妈妈到游泳池游泳，向他们展示自己所学的本领。 2. 平板支撑 60 秒 ×2 组。	课后反思： 　　考核中大部分学生能发挥自己真实水平，还有部分学生由于紧张并没有考出应有成绩，因此学生的考核或比赛时的心理辅导也是必要的。

（三）自由泳单元教学设计

1. 教学价值和意义

自由泳的学习能让学生进一步提高游泳水平，掌握游泳基本技术技能，提高学生参与游泳运动的兴趣，全面发展学生的耐力、力量、柔韧、协调等身体素质，促进身体的正常生长发育，增进身体健康，增强体质体能，培养学生勇敢、顽强、自信、互助、合作等优良品质。

2. 教材分析

自由泳是四种游泳姿势中速度最快、最省力的泳姿，在奥运会比赛中，自由泳占有重要的地位。游泳者身体俯卧在水面上，两臂轮流划水，两腿交替打水。自由泳的身体姿势与腿部动作有着紧密的联系。良好的腿部技术能够帮助形成正确的身体姿势，良好的身体姿势也有助于掌握正确的腿部动作。两者的练习手段互相结合，互为促进。

3. 学情分析

本单元学习的对象为水平三学段小学五年级学生，他们对游泳运动非常感兴趣。他们已经有了蛙泳学习的基础，因此水感好、不怕水。他们相对低年级学生来说，身体力量发育更近一步，协调性好，但是自控能力不强，因此教学中多采取游戏、比赛的形式组织学生练习，更能激发学生学习的兴趣。

4. 设计思路

以"健康第一"的思想为指导，尊重学生的主体地位，挖掘学生学习潜力，关注不同层次学生的需求，在掌握技能的同时，培养相关能力品质，促进学生运动健康。根据学生掌握动作技能的程度，遵循循序渐进的原则，从自由泳腿开始学练，学生有了足够的推进力之后再进行划手与呼吸的学练，从而使学生更易掌握完整的自由泳技术。

5. 教学组织策略

多次重复练习某一技能，通过距离和强度的变化，使学生在练习中不至于过分枯燥。通过示范演示，让学生能直观地建立正确的动作概念。通过各种形式的比赛增加学生练习的兴趣。教师语言着重动作技能方法指导、启发学生思考及过程激励话语的表达，以实现本单元预设的学习目标。

6. 教与学的方式方法思考

（1）学生为主体，强调以学为主，教与学有效结合、穿插。

（2）教学中着重培养学生对游泳运动的兴趣，培养学生终身体育的意识，利用教学比赛鼓励和激发学生练习的兴趣。

（3）多元化的评价手段，在评价中不仅有师评，更增加自评、互评等，从而增加学生自信心。

（四）自由泳单元教学计划与课时教案

自由泳单元教学计划

教学对象：水平三（五年级）

单元设计意图	游泳运动是小学生喜爱并符合小学生年龄特点的运动项目之一，它不仅是一项对身体健康十分有益的活动，更是一项重要的生存技能。 本单元教授学生熟悉水性和蛙泳，让学生逐步适应水的环境，掌握游泳基本技术技能，提高学生参与游泳运动的兴趣，全面发展学生的耐力、力量、柔韧、协调等身体素质，促进身体的正常生长发育，增进身体健康，增强体质体能，培养学生勇敢、顽强、自信、互助、合作等优良品质。		
单元教学目标	**知识与技能学练** 知道水中自救的方法，能踩水1分钟以上，增长蛙泳游距，能完成100米蛙泳不间断游，能做出自由泳的完整动作。	**体能发展** 在初步掌握自由泳手臂、手脚配合、完整配合游的动作技术中，发展水中运动能力，提高柔韧、耐力、协调等身体素质，促进身体全面发展。	**情意与合作表现** 对学习自由泳感兴趣，乐于接受老师和同伴的指导、关心和帮助，勇敢顽强，吃苦耐劳，有挑战自我、展示自我的勇气。
单元教学内容	**运动知识与技能** 自由泳腿技术、自由泳手技术、自由泳手与呼吸的配合、自由泳完整技术、自由泳出发技术、自由泳转身技术。		**体能** 通过仰卧起坐、俯卧撑等素质练习发展学生腰腹力量、手臂力量、协调性和柔韧性。通过蛙泳接力赛、自由泳打腿等各种教学比赛培养、强化水感。

续表

学时	学时内容	学时教学目标	重、难点	教与学组织措施	体能（游戏）内容
课次一	1. 复习蛙泳。 2. 自由泳腿与呼吸。	1. 知道自由泳腿的动作要领，能说出水中紧急状况下如何应对。 2. 能做出持浮板打自由泳腿的动作，并有向前的推进力。 3. 在蛙泳增长游距的练习中有坚韧不拔的意志力，在游戏中取得成功后能够有成就感。	**重点**：自由泳腿上下打水。 **难点**：鞭状打腿协调用力。	1. 组织学生复习蛙泳，增长游距。 2. 讲解、示范并组织学生尝试自由泳腿陆上模仿练习。 3. 讲解、示范并组织学生尝试自由泳腿半陆半水练习。 4. 讲解、示范并组织学生尝试抓池壁自由泳腿练习。 5. 讲解、示范并组织学生尝试持浮板自由泳腿练习。 6. 组织游戏。	1. 蛙泳接力赛。 2. 憋气自由泳腿比赛。
课次二	1. 自由泳腿。 2. 自由泳腿与呼吸的配合。	1. 让学生知道自由泳换气技术的要领。 2. 能够协调地做出自由泳鞭状打腿动作，并有向前的推进力。 3. 让学生在学习中对自由泳产生兴趣，并能在取得成功后表达出开心和喜悦。	**重点**：自由泳打腿时有较好的推进力。 **难点**：换气时身体平稳，转头换气不抬头。	1. 组织复习陆上模仿及半陆半水自由泳腿练习。 2. 抓板自由泳腿练习。 3. 展示、评价、纠错。 4. 组织再次练习自由泳腿。 5. 示范、讲解并组织练习抓池壁自由泳转头换气技术。 6. 讲解示范单手抓浮板自由泳腿+换气技术。 7. 组织学生练习，教练单独辅导。 8. 组织学生展示、评价。 9. 组织学生再次练习。	1."打地鼠"游戏。 2. 跳水游戏。

续表

课次三	1. 自由泳腿。 2. 自由泳腿和呼吸的配合。	1. 让学生掌握自由泳腿与呼吸配合的时机及动作要领。 2. 通过强化练习增强学生自由泳打腿的推进力，熟练掌握转头换气的技术动作。 3. 培养学生吃苦耐劳、勇于克服困难的精神。	**重点**：腿和呼吸的配合。 **难点**：换气时保持身体的流线型。	1. 增长蛙泳游距练习。 2. 抓浮板自由泳腿练习。 3. 组织学生展示。 4. 组织学生抓池壁自由泳换气练习。 5. 组织学生抓浮板打腿加换气练习。 6. 组织学生展示、评价。 7. 组织再次练习。 8. 组织游戏。	1."身体造字"。 2.踩水比赛。
课次四	自由泳手臂动作。	1. 让学生知道自由泳手臂动作的技术要领。 2. 让学生能协调地做出自由泳手臂动作。 3. 培养学生互帮互助、团结协作的能力。	**重点**：自由泳手臂动作。 **难点**：划水路线清晰。	1. 复习自由泳腿练习。 2. 陆上模仿自由泳手练习。 3. 抓池壁自由泳手练习。 4. 憋气自由泳手练习。 5. 夹板自由泳手练习。 6. 游戏"水中跳山羊"。	水中"跳山羊"。
课次五	自由泳手臂与呼吸的配合。	1. 让学生知道自由泳手与呼吸配合的节奏。 2. 教会学生划手转头换气的技术动作。 3. 敢于展示自己的动作，并能对同伴的动作做出客观评价。	**重点**：自由泳手与呼吸的配合。 **难点**：划手换气的时机。	1. 复习自由泳手臂动作。 2. 抓池壁划手转头换气。 3. 单手抓浮板，划手转头换气。 4. 两手交替划水换气。 5. 组织游戏"小拖车"。	"小拖车"。

续表

课次六	复习： 1. 自由泳腿、自由泳腿与呼吸的配合。 2. 自由泳手、自由泳手与呼吸的配合。	1. 强化学生对自由泳腿、自由泳手以及与自由泳呼吸技术的配合。 2. 通过增长游距巩固提高自由泳单个技术动作的熟练程度。 3. 培养学生能吃苦的优良品质，让学生能在游戏中能获得成功的喜悦。	**重点**：转头换气。 **难点**：换气时不抬头。	1. 组织学生复习自由泳腿技术。 2. 组织学生复习自由泳腿与呼吸的配合。 3. 组织学生复习自由泳手技术。 4. 组织学生复习自由泳手与呼吸的配合。	翻滚游戏。
课次七	自由泳完整配合。	1. 教会学生自由泳完整技术。 2. 让学生初步掌握自由泳完整前交叉配合技术。 3. 培养学生团结协作的能力及评价能力。	**重点**：呼吸换气。 **难点**：划臂、打腿和呼吸的配合。	1. 组织学生陆上模仿自由泳完整练习。 2. 组织学生学练持浮板自由泳完整配合。 3. 组织学生无支撑自由泳完整配合的学练。 4. 组织学生增长游距练习自由泳完整动作。 5. 组织学生游戏。	蹲跳转圈。
课次八	自由泳完整动作提高与纠错。	1. 教会学生熟练完成自由泳完整动作。 2. 让学生知道自由泳常见的几种错误动作、产生原因和纠正方法。 3. 教会学生在练习中反思，培养敢于纠错的勇气。	**重点**：自由泳完整动作技术运用。 **难点**：手、腿与呼吸的协调配合。	1. 教师进行游泳课前安全教育。 2. 复习自由泳腿与呼吸的配合动作。 3. 复习划臂与呼吸的配合动作。 4. 教师示范几种常见的错误动作及纠错方法。 5. 组织学生分组练习，互相纠错。 6. 组织学生增长距离练习自由泳。	双人自由泳。

第四章 实践案例

续表

课次九	1. 自由泳完整技术改进。2. 自由泳：长距离游。	1. 通过长距离自由泳练习，巩固自由泳完整配合动作。2. 让学生能连续不断游25米自由泳。3. 培养学生在练习中吃苦耐劳的精神。	**重点**：长距离游。**难点**：手、腿与呼吸的协调配合。	1. 教师进行游泳课前安全教育。2. 复习自由泳腿与呼吸的配合动作。3. 复习划臂与呼吸的配合动作。4. 组织学生增长距离练习自由泳。5. 组织学生游戏。	自由泳接力赛。
课次十	考核。	1. 进一步提高学生自由泳完整动作技术。2. 让学生能够运用自由泳完整技术游出20～25米的距离。3. 培养学生敢于展示自己的勇气，以及能够评价自己自由泳技能及学习效果的能力。	**重点**：自由泳完整技术动作的运用。**难点**：动作与呼吸配合协调，节奏感强。	1. 教师进行安全教育，领做准备活动。2. 组织学生自由泳完整配合练习。3. 教师提出考核内容及要求，宣布评价标准。4. 组织考核。5. 宣布考核结果。	自由泳转身。
单元学习测试标准	运动知识技能、体能学练等级		自我表现等级		情意与合作表现等级
	★★★：完全掌握自由泳手、自由泳腿与呼吸的配合技术。★★：较好地掌握自由泳手、自由泳腿与呼吸的配合技术。★：基本上掌握自由泳手、自由泳腿与呼吸的配合技术。		★★★：动作协调，能够用完整配合动作游出25米以上距离。★★：自由泳手脚会配合，能够用完整配合动作游出15米以上距离。★：自由泳手脚会配合，能够用完整配合动作游出10米以上距离。		★★★：超额完成自由泳技术技能相关的各种素质练习和游戏。★★：按照规定完成自由泳技术技能相关的各种素质练习和游戏。★：基本上能完成自由泳技术技能相关的各种素质练习和游戏。

（小学）自由泳单元教学计划第 1 课时教案

教学对象：五年级（男生 15 人；女生 15 人）

学习目标	1. 知道自由泳腿的动作要领，能说出水中紧急状况下如何应对。 2. 能做出持浮板打自由泳腿的动作，并有向前的推进力。 3. 在蛙泳增长游距的练习中有坚韧不拔的意志力，在游戏中取得成功后能够有成就感。				
内容设计	**技能动作规格**：水中抽筋自救方法、自由泳腿上下交替打水。 **游戏**：蛙泳接力赛、憋气自由泳腿比赛。				**重点**：自由泳腿上下打水。 **难点**：鞭状打腿协调用力。
过程/时间	过程内容	教师活动	学生活动	运动负荷	
				时间（分钟）	次数（次）	强度
师生互动 活跃情绪 8分钟	1. 课堂常规。 2. 热身操：游泳运动专项操。 3. 陆上自由泳腿模仿练习。	1. 整队检查学生的服饰。 2. 师生问好，精神饱满。 3. 带领学生学练游泳运动专项操。 4. 讲解示范、带领学生练习陆上自由泳腿模仿练习。	1. 按要求快速集合。 2. 精神饱满，听从指挥。 3. 模仿练习游泳专项操。 4. 认真参与模仿练习。 **组织形式：** 四列横队，在指定区域内进行。	1 2	1 50	中 大

续表

自主学练 探究实践 25分钟	1.半陆半水自由泳腿。 2.复习蛙泳、增长游距。 3.抓池壁自由泳腿。 4.抓浮板自由泳腿。	1.讲解示范半陆半水自由泳腿。 2.用节拍指挥学生半陆半水自由泳腿练习。 3.组织学生下水。 4.组织学生复习蛙泳100米不间断游，教师陆上指导。 5.讲解示范抓池壁自由泳腿。 6.组织学生自主练习，教练巡回指导，帮助有困难的学生。 7.组织学生两人一组，复习抓浮板漂浮站立。 8.讲解示范抓浮板自由泳腿动作。 9.组织学生自主练习。 10.邀请学生展示并组织评价。 11.组织学生再次练习抓浮板自由泳腿。	1.看清教师示范。 2.在老师节拍指挥下完成练习。 3.按要求下水。 4.努力完成蛙泳复习。 5.看清老师示范。 6.自主练习抓池壁自由泳腿。 7.和同伴配合完成练习。 8.听清动作要领，看清示范。 9.自主练习、注意安全。 10.大胆展示自己的动作并对同伴动作客观评价。 11.认真完成练习。	2 1 3 2 1 8 1 7	50 1 1 50 5 100 1 100	中 小 大 中 小 大 小 大
合作游戏 享受乐趣 5分钟	1.蛙泳接力赛。 2.憋气自由泳腿比赛。 3.水中抽筋自救。	1.讲解"蛙泳接力赛"游戏的方法和规则并组织学生游戏。 2.讲解"憋气自由泳腿"游戏的方法和规则并组织学生游戏。 3.讲解示范水中抽筋自救的方法。 4.组织学生尝试自救。	1.领悟游戏的方法、规则和要求，积极参与游戏。 2.听清规则、注意安全，积极参与游戏。 3.听清自救的方法。 4.尝试自救。	2 1 1	1 2 3	大 大 小

续表

稳定情绪　放松身心　2分钟	1. 在指定区域内散点站立。 2. 放松、小结、布置作业。	1. 带领学生放松练习。 2. 与学生一起总结本课。 3. 师生互道再见，布置作业。	1. 随老师完成放松练习，积极调节身心。 2. 客观进行自评互评，总结优、缺点。 3. 师生互道再见，组长配合老师整理器材。 组织形式： 在指定区域内站立。	2	1	小

安全知识技能教育： 在游泳馆内要慢走在防滑垫上，入水前用水冲淋身体。	练习密度预计 约85%	平均心率 130次/分钟	所需场地器材： 游泳池一片； 浮板41块。

课外锻炼作业：
1. 仰卧自由泳交替踢腿30次×2组。
2. 俯卧自由泳打腿30次×2组。

（小学）自由泳单元教学计划第 2 课时教案

教学对象：五年级（男生 15 人；女生 15 人）

学习目标	1. 知道自由泳换气技术的要领。 2. 能够协调地做出自由泳鞭状打腿动作，并有向前的推进力。 3. 对自由泳产生兴趣并能在取得成功后表达出开心和喜悦。					
内容设计	**技能动作规格：** 自由泳腿上下鞭状打腿。 **游戏：** "打地鼠" "踩水"。			**重点：** 自由泳打腿时有较好的推进力。 **难点：** 换气时身体平稳、转头换气不抬头。		
过程／时间	过程内容	教师活动	学生活动	运动负荷		
^^^	^^^	^^^	^^^	时间 （分钟）	次数 （次）	强度
师生互动 活跃情绪 5分钟	1. 课堂常规。 2. 热身操：游泳运动专项操。	1. 整队检查学生的服饰。 2. 师生问好，精神饱满。 3. 带领学生学练热身操。	1. 按要求快速集合。 2. 精神饱满，听从指挥。 3. 跟老师完成热身操的模仿练习。 **组织形式：** 四列横队，在指定区域内进行。	1	1	中

123

泳池游戏 舒展儿童自由生命 >>

续表

自主学练 探究实践 25分钟	1. 复习自由泳腿陆上模仿及半陆半水练习。 2. 蛙泳增长游距练习。 3. 自由泳腿抓板打水练习。 4. 自由泳换气练习。	1. 口令指挥学生陆上模仿自由泳腿练习。 2. 指挥学生半陆半水自由泳腿练习。 3. 组织学生下水并分泳道完成100米蛙泳练习。 4. 组织学生练习抓板自由泳腿。 5. 邀请优秀学生展示，提出要求：上下鞭状打水。 6. 组织学生再次练习。 7. 讲解示范抓池壁自由泳换气技术。 8. 组织学生抓池壁完成练习。 9. 讲解示范单手抓浮板打6次腿换1次气。 10. 组织学生两人一组完成练习。 11. 邀请学生展示并组织评价。 12. 组织学生再次练习。	1. 随口令完成自由泳腿的模仿练习。 2. 听指挥完成半陆半水练习。 3. 按要求到指定泳道，并认真完成100米蛙泳。 4. 认真完成自由泳腿练习。 5. 大胆展示自己的动作。 6. 认真参与练习。 7. 仔细观看老师示范，听清要求。 8. 抓池壁认真练习换气动作。 9. 看清老师示范。 10. 和同伴一起互帮互助完成练习。 11. 大胆展示自己的动作。 12. 认真练习。	2 2 4 5 4 3 3 4	20 20 2 5 5 20 20 20	中 中 大 大 大 中 中 中

续表

合作游戏　享受乐趣　7分钟	1."打地鼠"。 2.踩水。	1.讲解"打地鼠"游戏的方法：游戏者4~6人一组手拉手围成圆形，教练站在圆中间手持浮板，发令后所有游戏者下蹲将头没入水中，游戏者可以上来换气，但是要在教练背对自己或者用浮板敲击自己之前完成。被打到的"地鼠"自动换成敲锤的人。 2.组织学生分组游戏。 3.讲解示范踩水动作要领。 4.组织学生尝试踩水。	1.听清游戏规则。 2.积极参与游戏。 3.看清动作要领。 4.尝试踩水。	2 2	2 2	中 中
稳定情绪　放松身心　3分钟	1.成自然队形集合。 2.放松、小结、布置作业。 3.起水，归还器材。	1.组织学生放松练习。 2.总结点评，归纳小结，布置作业。 3.组织学生依次起水。	1.随教师一起放松练习。 2.开心与老师交流，把自己的体会告诉大家。 3.依次起水、注意安全。 组织形式： 浅水区靠池壁散点。	1	1	小

安全知识技能教育：在游泳池中严禁打闹、潜水、时刻关注教练的动作及要求。	练习密度预计 约92%	平均心率 125次/分钟	所需场地器材： 浮板41块； 游泳池一片。

课外锻炼作业：
1.仰卧自由泳打腿练习50次。
2.俯卧自由泳打腿练习50次。

（小学）自由泳单元教学计划第3课时教案

教学对象：五年级（男生15人；女生15人）

学习目标	1. 知道自由泳腿与呼吸配合的时机及动作要领。 2. 通过强化练习增强自由泳打腿的推进力，熟练掌握转头换气的技术动作。 3. 在训练中吃苦耐劳、敢于克服困难。				
内容设计	**技能动作规格**：自由泳腿上下交替鞭状打腿，转头换气保持身体的流线型。 **游戏**："身体造字"、踩水比赛。		**重点**：腿和呼吸的配合。 **难点**：换气时保持身体的流线型。		
过程/时间	过程内容	教师活动	学生活动	运动负荷		
				时间（分钟）	次数（次）	强度
师生互动 活跃情绪 3分钟	1. 课堂常规。 2. 安全知识教育及下水前的热身。 3. "热身操"。	1. 检查学生的服饰。 2. 宣布本课内容。 3. 示范、领做"热身操"。	1. 快速集合整队。 2. 认真听讲。 3. 模仿、跟做动作。	1 1	1 1	小 中

续表

自主学练 探究实践 26分钟	1.蛙泳增长游距练习。 2.抓浮板自由泳腿练习。 3.自由泳腿与呼吸的配合。	1.组织学生下水并按泳道分组。 2.组织学生进行蛙泳增长游距练习（150米）。 3.学生练习抓板自由泳腿，教师巡回指导。 4.组织学生抓池壁换气练习。 5.组织学生抓浮板进行6次打腿加1次换气练习。 6.邀请学生展示并评价。 7.组织学生再次练习。	1.按教练分组进入指定泳道。 2.努力完成蛙泳练习。 3.抓板自由泳打腿。 4.抓池壁完成自由泳换气练习。 5.认真完成自由泳腿加换气练习。 6.大胆展示动作，客观评价同伴的动作。 7.再次练习。	1 4 4 2 5 1 5	1 3 3 20 3 2 3	小 大 大 中 大 小 大
合作游戏 享受乐趣 8分钟	1."身体造字"。 2.踩水比赛。	1.讲解示范"身体造字"的游戏方法：游戏者憋气漂浮于水上，用身体摆出汉字、英文字母、数字等造型，全班分若干组，比一比哪一组"造"的字最多，最多的一组为胜者。 2.组织学生分组游戏并担任裁判。 3.讲解踩水比赛的方法。 4.组织学生比赛。	1.仔细听清游戏规则。 2.找到自己的分组，大胆地说出自己的想法，积极参与游戏。 3.听清游戏方法。 4.积极参与比赛，为同伴加油。	3 2	10 2	小 中

127

续表

稳定情绪 放松身心 3分钟	1. 起水集合。 2. 总结本课，布置作业。	1. 引导学生从扶梯依次起水。 2. 对本课进行总结并布置作业。	1. 听老师指挥依次起水。 2. 和老师一起总结本课，帮助归还器材。	1	1	小
安全知识技能教育：学练中按教练要求统一完成练习，同时学练中有主动保护和帮助同伴的意愿。	练习密度预计 约75%	平均心率 130次/分钟	所需场地器材： 浮板41块； 游泳池一片。			
课外锻炼作业： 1. 俯卧自由泳打水模仿练习50次。 2. 深蹲跳20次。						

（小学）自由泳单元教学计划第4课时教案

教学对象：五年级（男生15人；女生15人）

学习目标	1. 知道自由泳手臂动作的技术要领。 2. 能协调地做出自由泳手臂动作。 3. 在学练中能互帮互助、团结协作。				
内容设计	**技能动作规格**：划水动作：抱水、推水；空中移臂动作：出水、移臂、入水。 **游戏**：水中"跳山羊"。		**重点**：自由泳手臂动作。 **难点**：划水路线清晰。			

过程/时间	过程内容	教师活动	学生活动	运动负荷		
				时间（分钟）	次数（次）	强度
师生互动 活跃情绪 3分钟	1. 课堂常规。 2. 游泳专项操。	1. 整队检查学生的服饰。 2. 师生问好，教师引出本课教学内容。 3. 带领学生学练游泳专项操。	1. 学生集合、问好。 2. 注意力集中，精神饱满。 3. 模仿学练专项操。 **组织形式：** 四列横队，在指定区域内进行。	1 1	1 1	小 中

续表

自主学练 探究实践 28分钟	1.陆上模仿自由泳手臂动作。2.复习自由泳腿部动作。3.抓池壁自由泳手臂模仿练习。4.抓浮板单臂自由泳手练习。5.夹浮板自由泳手划水练习。	1.讲解示范陆上自由泳手臂模仿练习。2.带领学生尝试陆上自由泳手臂模仿练习。3.组织学生自己尝试陆上模仿练习，教师巡回指导。4.组织学生复习自由泳腿部动作（4×25米）。5.讲解示范抓池壁自由泳手臂模仿练习。6.组织学生两人一组进行抓池壁自由泳手练习。7.讲解示范抓浮板单臂自由泳手臂划水练习。8.组织学生自主练习。9.教师巡回指导。10.邀请学生展示并组织评价。11.纠正错误动作。12.组织学生再次练习。13.讲解示范夹浮板自由泳手臂划水动作。14.组织学生练习，教师巡回指导。15.邀请学生展示并组织评价。	1.认真观看老师示范。2.跟老师一起尝试陆上自由泳手臂模仿练习。3.自主练习，尝试陆上模仿自由泳手臂动作。4.认真完成自由泳打腿练习。5.看清老师示范，听清要求。6.两人一组进行抓池壁完成练习，在练习中帮助队友纠正动作。7.看清老师示范。8.尝试练习手臂动作。9.认真完成动作，听清老师要求。10.大胆展示，客观评价。11.看清错误动作。12.再次尝试练习。13.看清老师示范，听清动作要领。14.积极参与练习。15.大胆展示，客观评价。	3 6 9 9	20 50 80 80	中 大 大 大

续表

合作游戏 享受乐趣 7分钟	水中"跳山羊"。	1.讲解"水中跳山羊"游戏的方法：游戏者4～6人一组，一人身体前倾手扶膝盖当"山羊"，其余队员用体操动作"跳山羊"的技术跃过，跃过即为成功，如有失败者则交换作为"山羊"。 2.组织学生分组游戏。	1.仔细听清游戏方法。 2.积极参与游戏，注意安全。	3	2	中
稳定情绪 放松身心 2分钟	1.起水集合。 2.放松、小结、布置作业。	1.带领学生在池边放松。 2.对学生本节课的表现作出评价。 3.师生互道再见，布置学生收拾器材。	1.完成放松练习，积极调节身心。 2.围绕运动过程中的问题大胆交流、讨论，合理评价。 3.各小组长积极协助老师收还器材。	1	1	小

安全知识技能教育：学练中注重有序练习，加强安全意识，学练时注意避让，避免意外发生，能主动与同伴协作完成学练。	练习密度预计	平均心率	
	约87%	130次/分钟	所需场地器材： 浮板41块； 游泳池一片。

课外锻炼作业：
1.站立自由泳手划水模仿练习50次。
2.俯卧姿势自由泳手划水模仿练习50次。

（小学）自由泳单元教学计划第5课时教案

教学对象：五年级（男生15人；女生15人）

学习目标	1. 知道自由泳手与呼吸配合的节奏。 2. 能做出划手转头换气的技术动作。 3. 敢于展示自己的动作并能对同伴的动作作出客观评价。					
内容设计	**技能动作规格**：划水转头换气、入水低头吐气。 **游戏**："小拖车"。		**重点**：自由泳手与呼吸的配合。			
^	^		**难点**：划手换气的时机。			
过程/时间	过程内容	教师活动	学生活动	运动负荷		
^	^	^	^	时间（分钟）	次数（次）	强度
师生互动 活跃情绪 5分钟	1. 课堂常规。 2. 热身操。	1. 体育委员整队，检查学生的服饰。 2. 师生问好，精神饱满。 3. 带领学生学练热身操。 4. 宣布本课内容及要求。	1. 积极参与，精神饱满。 2. 仔细观看老师示范，模仿老师动作。 3. 跟做热身操的练习。 4. 领悟本节课的任务和要求。 **组织形式**： 四列横队，在指定的区域内进行。	1 1	1 1	小 中

续表

自主学练 探究实践 27分钟	1.复习自由泳手划水技术。 2.有固定支撑练习自由泳手与呼吸的配合。 ①扶池壁站立划手换气。 ②扶池壁夹浮板漂浮划水换气。 3.无固定支撑自由泳手划手换气。	1.组织学生下水，分配泳道。 2.组织学生复习自由泳手单臂划水练习（15米往返×4组+10次转头换气）。 3.组织学生复习自由泳手左右手交替划水练习（15米往返×4组+10次转头换气）。 4.讲解示范手扶池壁站立划右手转头换气技术。 5.组织学生抓池壁站立划水换气练习。 6.讲解示范抓池壁夹浮板划手换气练习。 7.组织学生抓池壁夹浮板划水换气练习。 8.讲解示范手持浮板划右手转头换气动作。 9.组织学生尝试练习抓浮板转头换气。 10.纠错。 11.组织学生再次练习。 12.讲解示范夹浮板两手交替划水，向右侧转头换气技术（左手不换气）。 13.组织学生尝试练习，教师巡回指导。 14.讲解示范无支撑两手交替划手，向右侧转头换气技术。 15.组织学生练习，教师巡回指导。	1.在老师的指挥下进入自己的泳道。 2.认真复习单臂划水练习。 3.有序练习两手交替划水，积极优化动作，努力做到更好。 4.认真观察老师动作。 5.尝试练习。 6.看老师示范夹浮板划手换气。 7.按要求尝试夹浮板划手换气练习。 8.认真观看老师示范，听清动作要领。 9.自主尝试练习。 10.认真听讲。 11.再次尝试练习。 12.听清老师要求，看清示范。 13.尝试练习。 14.认真观看老师示范。 15.自主练习，互相帮助。	5 5 2 2 3 3 4 5	50 60 40 40 40 40 50 60	大 大 中 中 大 大 大 大

续表

合作游戏 享受乐趣 6分钟	"小拖车"。	1.讲解游戏"小拖车"方法：游戏者2人一组夹住浮板前后站立，游戏开始后，两人漂浮于水面，后面同学抓住前面同学脚踝，前者两手交替划手，右手划水时换气，将后者向15米的距离处拖带，到达后交换位置返回，最先完成的一组为胜者。 2.组织学生进行游戏。	1.听清游戏方法。 2.与同伴合作参与游戏。	3	30	大
稳定情绪 放松身心 2分钟	1.起水集合。 2.放松、小结。	1.组织学生起水集合。 2.与学生一起放松。 3.小结本课，师生互道再见，布置学生收拾器材。	1.有序起水。 2.跟着老师放松身心。 3.师生互道再见，小组组长配合老师整理器材。	1	1	小

安全知识技能教育：学练中能安全有序参与练习，服从指挥，并能在学练中做到认真学练，遵守纪律，团结协作。	练习密度预计 约87%	平均心率 135次/分钟	所需场地器材： 游泳池一片； 浮板41块。

课外锻炼作业：
站立模仿自由泳手与呼吸的配合练习50次。

（小学）自由泳单元教学计划第6课时教案

教学对象：五年级（男生15人；女生15人）

学习目标	1. 进一步强化自由泳腿、自由泳手以及与自由泳呼吸技术的配合。 2. 通过增长游距巩固提高自由泳单个技术动作的熟练程度。 3. 积极地参与学习过程，在长距离练习中表现出能吃苦的优良品质，在游戏中能获得成功的喜悦。				
内容设计	**技能动作规格**：1. 自由泳腿、自由泳腿与呼吸的配合。 2. 自由泳手、自由泳手与呼吸的配合。 **游戏**：滚翻游戏。		**重点**：转头换气。 **难点**：换气时不抬头。		

过程/时间	过程内容	教师活动	学生活动	运动负荷		
^	^	^	^	时间 （分钟）	次数 （次）	强度
师生互动 活跃情绪 5分钟	1. 课堂常规。 2. 热身操。	1. 体育委员整队，检查学生的服饰。 2. 师生相互问好，精神饱满。 3. 带领学生学练热身操。 4. 宣布本课内容及要求。	1. 积极参与，精神饱满。 2. 仔细观看老师示范，模仿老师动作。 3. 跟做热身操的练习。 4. 领悟本节课的任务和要求。	1 1	1 1	小 中

续表

自主学练 探究实践 27分钟	1. 复习自由泳腿技术。 2. 复习自由泳腿与呼吸的配合。 3. 复习自由泳手技术。 4. 复习自由泳手与呼吸的配合。	1. 组织学生依次下水并分配泳道。 2. 组织学生复习自由泳腿练习。 3. 组织学生复习自由泳腿与呼吸练习，教师巡回指导（6×15米）。 4. 组织学生复习自由泳手练习（6×15米）。 5. 组织学生复习自由泳手与呼吸的配合练习（6×15米）。	1. 按要求依次下水并进入指定区域。 2. 按要求练习。 3. 在指定区域练习。 4. 自主完成练习。 5. 自主完成练习。	6 6 6 7	大 大 大 大
合作游戏 享受乐趣 6分钟	滚翻游戏。	1. 讲解滚翻方法：两人一组互相帮助，完成水中前滚翻练习，之后再独立完成滚翻，能成功完成水中前滚翻者即为成功。 2. 组织学生进行游戏。	1. 听清游戏方法。 2. 与同伴合作参与游戏。	4	15	小

续表

| 稳定情绪 放松身心 2分钟 | 1. 起水集合。
2. 放松、小结。 | 1. 组织学生起水集合。
2. 与学生一起放松。
3. 小结本课，师生互道再见，布置学生收拾器材。 | 1. 有序起水。
2. 跟着老师放松身心。
3. 师生互道再见，小组组长配合老师整理器材。 | 1 | 1 | 小 |

安全知识技能教育：学练中能安全有序参与练习，服从指挥，并能在学练中做到认真学练，遵守纪律，团结协作。	练习密度预计	平均心率	所需场地器材：游泳池一片；浮板41块。
	约82%	135次/分钟	

课外锻炼作业：
1. 在床上前滚翻20次，注意安全。
2. 俯卧撑2组，每组15个。

（小学）自由泳单元教学计划第 7 课时教案

教学对象：五年级（男生 15 人；女生 15 人）

学习目标	1. 学会自由泳完整技术。 2. 初步掌握自由泳完整的前交叉配合技术。 3. 能够团结协作，并能对自己及同伴的动作进行客观评价。					
内容设计	**技能动作规格：**自由泳完整配合。 **游戏：**蹲跳转圈。			**重点：**呼吸换气。 **难点：**划臂、打腿和呼吸的配合。		

过程/时间	过程内容	教师活动	学生活动	运动负荷		
					时间（分钟）	次数（次）	强度
师生互动 活跃情绪 4分钟	1. 课堂常规。 2. 游泳专项操。	1. 整队检查学生的服饰。 2. 指定集合地点，向学生问好。 3. 领做游泳专项操。 4. 宣布本课学练内容。	1. 体育委员整队集合，精神饱满。 2. 向老师问好。 3. 随老师认真做游泳专项操。 4. 了解要完成的任务。 **组织形式：** 四列横队，在指定区域内进行。	1 1	1 1	小 中

续表

自主学练 探究实践 28分钟	1. 陆上模仿练习。 2. 持浮板完整自由泳练习。 3. 无支撑自由泳完整动作。 4. 长距离自由泳练习。	1. 教师讲解示范陆上自由泳完整技术的模仿练习。 2. 组织学生陆上模仿自由泳完整练习。 3. 教师示范手持浮板自由泳完整配合动作。 4. 组织学生学练持浮板自由泳完整配合（6组，每组15米）。 5. 教师示范无支撑完整自由泳配合动作。 6. 组织学生无支撑练习，教师巡回指导（6组，每组15米）。 7. 组织学生通过自由泳增长距离，练习自由泳完整动作（6组，每组20～25米）。	1. 听老师讲解。 2. 尝试练习。 3. 看老师示范。 4. 自主练习。 5. 看老师示范、听清要求。 6. 积极参与学练。 7. 努力完成长距离学练。	4 7 7 7	30	中 大 大 大
合作游戏 享受乐趣 5分钟	蹲跳转圈。	1. 讲解蹲跳转圈的游戏方法：游戏者下蹲后向上跳起，跳起后转圈，先从一圈开始，随后逐渐增加圈数，看哪个同学在空中转的圈多，全班可分若干组进行比赛，随后每组比出第一名，再进行班级内终极比拼。 2. 组织学生进行游戏，提醒学生注意安全。 3. 评价小结。	1. 明确游戏的方法。 2. 参与游戏，相互鼓励，畅谈自己的感受，体验合作带来的快乐。	4	20	小

续表

稳定情绪 放松身心 3分钟	1. 起水集合。 2. 放松、小结。	1. 组织学生起水集合。 2. 坐在浮板上放松总结。 3. 向学生渗透终身锻炼的思想，布置学生收拾器材，师生互道再见。	1. 按要求依次起水。 2. 随老师一起放松并对自己及同伴进行客观评价。 3. 师生道别，组长配合老师整理器材。	1	1	小

安全知识技能教育：学练中充分做好准备活动，严格听从指挥，按老师要求统一完成练习，同时游戏时严格按要求完成各项动作，规避危险动作。	练习密度预计 约 87%	平均心率 130 次 / 分钟	所需场地器材： 浮板 41 块； 游泳池一片。

课外锻炼作业：
1. 仰卧起坐 2 组，每组 30 个。
2. 俯卧撑 2 组，每组 15 个。

（小学）自由泳单元教学计划第8课时教案

教学对象：五年级（男生15人；女生15人）

学习目标	1. 熟练完成自由泳完整动作。 2. 知道自由泳常见的几种错误动作、产生原因和纠正方法。 3. 在练习中反思，培养敢于纠错的勇气。					
内容设计	**技能动作规格**：自由泳完整配合。 **游戏**：双人自由泳。			**重点**：自由泳完整动作技术运用。 **难点**：手、腿与呼吸的协调配合。		
过程/时间	过程内容	教师活动	学生活动	运动负荷		
^^	^^	^^	^^	时间 （分钟）	次数 （次）	强度
师生互动 活跃情绪 3分钟	1. 课堂常规。 2. 游泳专项操。	1. 整队检查学生的服饰。 2. 指定集合地点，向学生问好。 3. 领做游泳专项操。 4. 课前安全教育。	1. 体育委员整队集合，精神饱满。 2. 向老师问好。 3. 随老师认真做游泳专项操。 4. 了解安全要求。	1 1	1 1	小 中

续表

自主学练 探究实践 25分钟	1. 复习自由泳腿与呼吸的配合动作。 2. 复习划臂与呼吸的配合动作。 3. 纠错。 4. 长距离练习。	1. 组织学生复习自由泳腿与呼吸的配合动作（4组，每组15米）。 2. 组织学生复习划臂与呼吸的配合动作（4组，每组15米）。 3. 教师示范几种常见的错误动作及纠错方法。 4. 组织学生分组练习，互相纠错（4组，每组15米）。 5. 组织学生增长距离练习自由泳（8组，每组20～25米）。	1. 认真参与练习。 2. 积极练习。 3. 看清老师做出的错误动作，学会纠错方法。 4. 分组练习相互合作。 5. 增长距离练习。	5 5 8 8	中 中 大 大
合作游戏 享受乐趣 10分钟	双人自由泳。	1. 讲解并请学生合作示范双人自由泳游戏的方法：游戏者两人一组，漂浮于水中，后面一个同学做自由泳腿动作，前面一个同学做自由泳手动作，合作向前游进。可全班进行比赛，在15米距离内进行往返，返回时需两人交换位置，最先完成15米往返的一组为胜。 2. 组织学生游戏。	1. 听清游戏方法。 2. 积极参与游戏、注意安全。	 4	 3	 小

稳定情绪 放松身心 2分钟	1. 起水集合。 2. 放松、小结	1. 组织学生起水集合。 2. 坐在浮板上放松总结。 3. 向学生渗透终身锻炼的思想，布置学生收拾器材，师生互道再见。	1. 按要求依次起水。 2. 随老师一起放松并对自己及同伴进行客观评价。 3. 师生道别，组长配合老师整理器材。	2	1	小
安全知识技能教育: 练习中注意控制好自己与同伴的安全距离，不要离开自己的训练泳道。	练习密度预计 约 75%		平均心率 130 次/分钟		**所需场地器材:** 浮板 41 块； 游泳池一片。	

课外锻炼作业:
1. 和爸爸妈妈一起到游泳池游泳，向他们展示自己所学的本领。
2. 教爸爸妈妈自由泳腿部动作。

（小学）自由泳单元教学计划第 9 课时教案

教学对象：五年级（男生 15 人；女生 15 人）

学习目标	1. 通过长距离自由泳练习，巩固自由泳完整配合动作。 2. 能连续不断游 25 米自由泳。 3. 在练习中表现出吃苦耐劳的精神。						
内容设计	技能动作规格：自由泳完整技术。 游戏：自由泳接力赛。			重点：长距离游自由泳。 难点：手、腿与呼吸的协调配合。			
过程/时间	过程内容	教师活动	学生活动	运动负荷		
^^^	^^^	^^^	^^^	时间（分钟）	次数（次）	强度
师生互动 活跃情绪 3分钟	1. 课堂常规。 2. 游泳专项操。	1. 整队检查学生的服饰。 2. 指定集合地点，向学生问好。 3. 领做游泳专项操。 4. 宣布本课学练内容。	1. 体育委员整队集合，精神饱满。 2. 向老师问好。 3. 随老师认真做游泳专项操。 4. 了解要完成的任务。	1 1	1 1	小 中

续表

自主学练 探究实践 28分钟	1. 复习自由泳腿与呼吸的配合动作。 2. 复习划臂与呼吸的配合动作。 3. 长距离练习。	1. 组织学生复习自由泳腿与呼吸的配合动作(6组，每组15米)。 2. 组织学生复习划臂与呼吸的配合动作(6组，每组15米)。 3. 组织学生增长距离练习自由泳(10组，每组20～25米)。	1. 认真参与练习。 2. 积极练习。 3. 增长距离练习。	8 8 10	中 大 大
合作游戏 享受乐趣 6分钟	自由泳接力赛。	1. 讲解游戏方法：游戏者8人一组，面对面进行自由泳接力赛，到达目的地后需触壁或两人击掌方可出发，先完成的一组为胜。 2. 组织学生分组游戏，充当裁判。	1. 听清游戏方法。 2. 小组合作，努力完成游戏。	5	1	中
稳定情绪 放松身心 3分钟	1. 起水集合。 2. 放松、小结。	1. 组织学生起水集合。 2. 坐在浮板上放松总结。 3. 向学生渗透终身锻炼的思想，布置学生收拾器材，师生互道再见。	1. 按要求依次起水。 2. 随老师一起放松并对自己及同伴进行客观评价。 3. 师生道别，组长配合老师整理器材。	1	1	小

续表

安全知识技能教育：游泳时遇到腿抽筋的问题，一定要保持镇静，让身体仰浮于水面，尝试用手牵拉抽筋的腿，直至恢复后再缓慢游到安全区域。	练习密度预计 约 87%	平均心率 135 次 / 分钟	所需场地器材：浮板 41 块；游泳池一片；浮力棒 41 根。

课外锻炼作业：
1. 和爸爸妈妈一起到游泳池游泳，向他们展示自己所学的本领。
2. 教爸爸妈妈自由泳手动作。

（小学）自由泳单元教学计划第 10 课时教案

教学对象：五年级（男生 15 人；女生 15 人）

学习目标	1. 进一步提高完整动作技术。 2. 能运用自由泳完整技术游出 20～25 米的距离。 3. 敢于展示自己，能够评价自己自由泳技能及学习效果的能力。						
内容设计	**技能动作规格：** 自由泳完整动作、自由泳转身。 **游戏：** 自由泳转身比赛。			**重点：** 自由泳完整技术动作的运用。 **难点：** 动作与呼吸配合协调，节奏感强。			
过程／时间	过程内容	教师活动	学生活动	运动负荷		
^^^	^^^	^^^	^^^	时间 (分钟)	次数 (次)	强度
师生互动 活跃情绪 3分钟	1. 课堂常规。 2. 游泳专项操。	1. 整队检查学生的服饰。 2. 指定集合地点，向学生问好。 3. 领做游泳专项操。 4. 宣布本课学练内容。	1. 体育委员整队集合，精神饱满。 2. 向老师问好。 3. 随老师认真做游泳专项操。 4. 了解要完成的任务。	1 1	1 4	小 中

续表

自主学练 探究实践 12分钟	1. 自主进行自由泳完整配合练习。 2. 自由泳转身技术。	1. 组织学生下水并分配泳道。 2. 组织学生在规定的泳道内自主练习自由泳完整配合。 3. 讲解示范自由泳转身技术。 4. 组织学生两人一组完成学练。 5. 邀请学生展示，组织评价。 6. 组织学生再次练习。	1. 按要求下水，到指定的泳道。 2. 积极参与练习。 3. 看清老师示范、听清要求。 4. 与同伴合作完成学练。 5. 大胆展示、客观评价。 6. 独立完成练习。	1 5 2 2	1 4 20 25	小 大 中 中
单元考核 20分钟	自由泳考核。	1. 组织学生整队，宣布组别及所在泳道。 2. 组织考核。	1. 听清自己的组别及泳道，按要求排队等候考试。 2. 认真对待考核，遵守纪律，为同伴加油。	1 3	1 1	小 大
合作游戏 享受乐趣 3分钟	自由泳转身比赛。	1. 讲解自由泳转身比赛的游戏方法：游戏者从距离池壁5米的位置出发，自由泳游进，到边转身。可将全班分成若干组，每组进行比赛，最快完成转身的为胜，每组比出最快的一个，再进行终极比拼，比出全班最快的一个。 2. 组织学生游戏。	1. 听清游戏方法。 2. 积极参与游戏，大胆说出自己的感受。	2	5	小

稳定情绪 放松身心 2分钟	1. 起水集合。 2. 放松、小结。	1. 组织学生起水集合。 2. 坐在浮板上放松总结。 3. 向学生渗透终身锻炼的思想，布置学生收拾器材，师生互道再见。	1. 按要求依次起水。 2. 随老师一起放松并对自己及同伴进行客观评价。 3. 师生道别，组长配合老师整理器材。 **组织形式：** 自由分散在圆圈内站立。	1	1	小
安全知识技能教育： 考核过程中只要自己尽力就好，不要过分逞强，安全第一。	练习密度预计 约 68%	平均心率 125 次/分钟	**所需场地器材：** 浮板 41 块； 游泳池一片。			

课外锻炼作业：
和爸爸妈妈一起到游泳池游泳，向他们展示自己所学的本领。

三、游泳队建设

（一）运动员选拔

1. 通过身形初步筛选

一想到游泳运动员，我们最先想到的是他们的大手、大脚，这一点确实非常必要，游泳运动员手掌大的话会带来很好的划水效果，就像我们在训练时会看到运动员戴着手蹼会游得更快一样。脚掌的大小可以影响运动员的打水效果，在打水练习中，脚掌大的运动员往往会比脚掌小的运动员打水效果更好，游进速度更快。

游泳运动员的身高也是我们选拔时需要关注的，身高高的运动员在游泳时有着得天独厚的优势。另外就是运动员的手臂长度，手臂长的运动员划水距离比手臂短的运动员要长，这样在相同距离内所要划水的次数就变少，对应的所用的时间就会短一些。

我们在选拔的时候还会量一下运动员的跟腱，一般来讲，跟腱长的运动员的爆发力会更强一些。此外，身高、体重、胸围、肺活量的指数也是必测内容，这些我们主要借助《中国青少年游泳训练教学大纲》（以下简称《大纲》）中的评分标准来打分。

2. 身体素质测试二轮选拔

这一环节是对一轮选拔出来的运动员进行身体素质测试，主要借助《大纲》中陆上专项素质评定标准中的内容来测试。另外再加上一些对身体灵敏、协调性的测试，主要观察运动员身体是否协调。主要内容有以下几点：

（1）立定跳远、仰卧起坐、坐位体前屈。

（2）一些身体协调性练习，主要是游泳队训练前的热身活动。例如：转胯交叉侧向移动、仰泳手脚配合侧向移动、跨步向上跳身体保持流线型等。

3. 初学蛙泳，测试水感三轮选拔

（1）蛙泳学习之后的考核是运动员能否留队的决定因素。在运动员10天的学习结束之后，我们会组织考核，考核内容为25米蛙泳腿计时和蛙泳游距测试。

（2）学习蛙泳过程中所展现出来的各项能力是第三轮选拔的重要指标。我们在第三轮选拔中不仅仅是看运动员在10天的学习中能否很好地掌握蛙泳技术，因为有些运动员最后可能没有学会蛙泳，但在训练中他的蹬水效果非常好，身体协调性足够好，表现出很强的游泳天赋，这样的运动员我们也会选择留下。主要操作是：让选拔出的运动员集中进行蛙泳的学习，在学习过程中详细记录每个运动员的学习情况，比如水感、协调性、力量以及新动作的接受能力等，这些都作为第三轮选拔的依据。

（二）游泳训练计划

1. 阶段训练计划的制订

"阶段"可以是一个学期、一个季度或者一年，要根据游泳队的训练任务或者目标来具体实施。我们所在的学校游泳队是以学期为单位制订阶段训练计划的，因为是校园青少年游泳训练，所以我们根据学校的时间来制订计划，分别是下学期、寒假、上学期、暑假四个部分。这里所指的是一批新入队的运动员在一年内的训练计划。因为每年我们的新队员选拔都是在九月份刚开学的时候，所以我们把下学期作为第一个训练阶段，这一阶段的主要任务是选拔、确定运动员，学习四种泳姿，进行有氧耐力、身体素质、柔韧性、协调性训练。第二个阶段为寒假时间，主要任务是短距离打腿、肌肉力量训练。第三个阶段是上学期，主要任务是有氧耐力、短距离打腿及身体素质训练，5月份以后参加比赛。第四个阶段为暑假期间，主要任务是提高技术、增加有氧耐力、增长打腿距离训练，参加俱乐部比赛。

2. 周训练计划的制订

周训练计划是根据阶段训练计划的目标和计划制订每周的训练计划。制订每周训练的课时数，每节课训练的内容、训练手段、训练负荷等。周训练计划能充分地安排每种训练内容，能合理分配阶段训练的任务，达到最好的训练效果。制订周训练计划的时候要循序渐进，要考虑运动员的自身情况，让运动员能适应且要避免对一项内容重复单调练习。比如，如果一周的训练内容都是自由泳打腿练习或者蛙泳腿练习，运动员就会容易产生厌倦情绪，训练中缺少新鲜感。我们的周训练课时为 3 次，训练内容一般包括耐力训练、速度训练、体能训练、水感训练、技术训练等。

（1）耐力训练：以中等速度进行短间歇训练，主要用于基本技术练习，比如打腿、夹板划手、完整泳姿等间歇训练。

（2）速度训练：短距离打腿、完整泳姿包干训练。

（3）体能训练：主要包括陆上有氧耐力训练、腰腹、上下肢等力量练习以及协调性、柔韧性、关节灵活性训练。

（4）水感训练：主要利用游戏培养运动员在水中的水感，例如：夹板划水、握拳划水等。

（5）技术训练：改进动作，强化技术动作。例如：出发练习、转身练习等。

3. 课时训练计划的制订

依据周训练计划制订每课时的训练计划，有效地完成每一项训练内容。课时训练计划应包括准备部分、基本部分、结束部分三个部分。

（1）准备部分。主要内容为热身运动、协调性及柔韧性练习等，主要目的是活动身体，做好训练前的准备，避免受伤。

（2）基本部分。这是一节训练课的核心内容，与练习任务紧密结合，主要内容可以安排 2～3 个训练项目，这些项目最好是刺激较大的内容，例如：10 米 ×25 米自由泳。

（3）结束部分。主要是恢复训练，放松身体，避免疲劳。

附　录

附一："金海豚"游泳队队员选拔办法

一、选拔人数

分男、女队，总数不超过 30 人。

二、选拔对象

原则上为 1—5 年级学生（6 年级特别优秀的也可申报）

三、申报条件

1. 家长支持，本人积极要求参与。
2. 热爱游泳运动，符合游泳体质要求。
3. 具备游泳基础，有一定的运动天赋。
4. 意志力强，能坚持训练。
5. 组织纪律性强，服从游泳队统一管理。

四、报名时间

即日起至 3 月 15 日止。

五、报名方法

在各班班主任处登记、报名。

六、报名须知

1. 本次报名为预报名，符合条件者均可申报。
2. 经过选拔后吸收为正式队员（选拔时间另行通知）。
3. 一旦入选为正式队员，参加游泳训练过程中，均由家长负责接送。

附二："金海豚"游泳队员监护人承诺书

XX 小学：

  我是_____班学生_____的监护人，我支持我的子女加入学校"金海豚"游泳队，并承诺遵守以下规定：

  1. 对在游泳训练中可能存在的风险已有充分的认识，并为孩子购买意外伤害保险。

  2. 保证孩子的身体健康状况能够承受日常训练，并根据游泳队要求按时出具正规医院健康检查证明。

  3. 负责子女训练的全程接送，途中安全自行负责。

  4. 做好孩子的训练服务工作，如营养、装备、心理教育等。

  5. 支持训练工作，服从游泳队管理，遵守游泳队队规，不迟到、不早退、不无故缺席（违规 3 次以上视作主动退队）。

  6. 积极履行参赛义务，无故拒绝参赛者视作主动退队。

  7. 遇特殊情况须向助带队老师请假。

  8. 承担主动退队责任：①承担退队前训练费用；②违规情况计入该队员《学生思想品德评价档案》。

  9. 服从游泳队的其他相关决定。

  注：本承诺书一式两份，学校、家长各存一份。

承诺人签字：

年　　月　　日

附三：训练方案

一、指导思想

坚持以人为本，狠抓运动训练，立志多出人才，贯彻"馆校衔接、合作共赢、推出品牌、做大做强"的原则，狠抓队员身体训练和技术训练，培养少年游泳运动员。

二、队伍现状

现有游泳队员 XX 名，为 1—5 年级学生。这些学生具备一定的游泳基础，身体素质好，热爱游泳运动。我们相信，只要强化对运动员的管理，通过系统、正规的训练，一定能培养出优秀的运动人才，取得竞赛佳绩。

三、预期目标

1. 第一阶段目标（1 年内）：

（1）狠抓训练，强化管理，不断完善训练工作；

（2）通过训练，80% 的队员能达到全国游泳锻炼等级"一级金海豚"标准。

2. 第二阶段目标（3 年内）：

（1）形成选拔游泳人才的良性机制；

（2）力争组队参加各级青少年游泳比赛，并取得较好的名次。

四、训练工作

1. 教练：XXX；

2. 队员管理：XXX（男）；XXX（女）；

3. 训练内容前期以 50 米蛙泳、自由泳为主，后期逐步增加蝶泳、仰泳；

4. 训练时间自 3 月 29 日起每周 3 次（周一、三、五 18：00—19：30）。